Creatividad para docentes

Creatividad para docentes

Mercedes Fernández Correas
Sara Jiménez Jiménez
Silvia López García

Paraninfo | ESPECIALIDADES FORMATIVAS

Paraninfo

© Autor: Mercedes Fernández Correas, Sara Jiménez Jiménez y Silvia López García

© Ediciones Paraninfo, SA, 2025
   1.ª edición, 2025

   C/ Sierra de Guadarrama 35. Naves 2, 3, 4 y 5
   Pol. Ind. San Fernando II,
   28830 San Fernando de Henares
   Teléfono: 914 463 350
   clientes@paraninfo.es / www.paraninfo.es

   Producción: Nacho Cabal Ramos
   Diseño: Eva Zuazua
   Maquetación: Sonia del Río

   ISBN: 978-84-283-6783-7
   Depósito legal: M-13405-2025

   (31872)

Impreso en España
Liberdigital (Casarrubuelos, Madrid)

La editorial recomienda que el alumnado realice las actividades sobre el cuaderno y no sobre el libro.

Este manual desarrolla la especialidad formativa denominada **Creatividad para docentes.** Con código **SSCE029PO.**

El objetivo general es desarrollar la capacidad creativa de los alumnos, habilitando procedimientos creativos en las actividades del aula.

El libro responde fielmente al desarrollo curricular establecido el programa formativo.

El cómputo total de horas formativas es de 30 horas.

Las unidades del libro se acompañan de multitud de **recursos didácticos** que ayudarán a la mejor comprensión de la materia de estudio:

- Desarrollo del currículo oficial.
- Lenguaje claro y sencillo que favorece la comprensión.
- Explicaciones exhaustivas y rigurosas, pero también amenas y asequibles.
- Gran cantidad de fotografías y tablas explicativas. Recuadros con información complementaria.
- Test de evaluación y actividades al finalizar cada tema.

Este libro cuenta con el **solucionario** de las actividades incluidas en el libro al que puede accederse previo registro, desde la ficha web de este libro en www.paraninfo.es.

Solucionario disponible en

www.paraninfo.es

V

Contenido

Contenido

Introducción

Habitualmente, tendemos a asociar la creatividad a lo artístico, a la poesía, a la pintura, a la música, a la literatura, al cine e, incluso en la actualidad, al *marketing* y la publicidad, a los videojuegos, a la realidad virtual y, no podemos olvidarnos en estos momentos, de la inteligencia artificial.

Pero... ¿eso significa entonces que las personas que no se dedican a lo que consideramos arte en cualquier género, no pueden ser creativas?

Lo cierto es que la creatividad puede mostrarse de muchos modos en el desarrollo de nuestras vidas, incluso más de lo que pensamos y creemos, porque hasta para resolver esa situación que ha podido pasarnos a cualquiera de nosotros, en la que acabamos de salir de casa y nos hemos dejado las llaves dentro.

Hasta para eso, es posible que necesitemos ser creativos y resolverlo de formas completamente lógicas o disparatadas.

Quizás el mito más extendido con respecto a la creatividad es el de que «o se es creativo, o no se es». Cuando en realidad, la creatividad es una habilidad que puede entrenarse y practicarse. Y dentro del ámbito educativo y formativo, podemos poner en marcha algunos de los mecanismos que necesitamos para ello.

La creatividad se aprende.

1

Definición, características y base neuropsicológica de la creatividad

En función de a qué autores consultemos, la creatividad se puede definir de distintas formas dependiendo del contexto y la disciplina, materia o contenido al que nos refiramos.

En general, la creatividad se refiere a la capacidad de generar ideas originales, útiles y relevantes, así como a la habilidad para combinar de manera novedosa conceptos, elementos o recursos ya existentes, para producir algo nuevo o innovador.

1.1. Antecedentes del estudio de la creatividad

Empecemos por plantear algunas preguntas que nos pueden ayudar a ir desarrollando este tema.

> *¿Qué entendemos por creatividad?*
>
> *¿Cuándo consideramos que algo es creativo o nos parece creativo?*
>
> *¿Qué asociación haces en tu cabeza cuando piensas en el concepto «creatividad»?*

Si como respuesta a alguna de estas preguntas, nos aparecen respuestas relacionadas con las artes plásticas, musicales, literarias o gráficas, estamos cayendo en el error típico de creer que la creatividad solo forma parte de aquellas personas que tienen un cuadro colgado en un gran museo.

Pero todo se puede resumir en una única pregunta más. ¿Crees que tú eres una persona creativa? Porque aquí es donde podemos ver cómo la gran mayoría de las personas responderemos con un sencillo «no», cuando, en realidad, todas las personas podemos ser consideradas creativas en mayor o menor medida, puesto que nos estamos refiriendo a la capacidad que tenemos de crear algo a partir de una idea y de los conocimientos que tenemos.

Es decir, cada persona partirá siempre de lo que conoce y sabe, para buscar una solución útil y práctica a una situación que en este momento necesita ser resuelta de forma diferente a como lo hemos hecho en ocasiones anteriores.

La creatividad ha sido un concepto fundamental a lo largo de la historia de la humanidad. Desde tiempos antiguos, los seres humanos hemos valorado y fomentado la capacidad de crear y producir ideas innovadoras.

Y aquí es donde nos encontramos con materias relacionadas con las ciencias e incluso con la docencia, como ejemplos de creatividad reconocida, en lugar de hallarnos tan directamente con las artes como comentábamos antes.

Si hacemos un pequeño recorrido histórico por nuestra existencia en este mundo, podemos nombrar los siguientes hitos creativos:

1. **La rueda:** uno de los inventos más significativos de la antigüedad, se originó alrededor del año 3500 a. C. en Mesopotamia.

2. **La escritura:** la invención de la escritura es fundamental para el desarrollo de la humanidad. Los sistemas de escritura como los jeroglíficos egipcios, la escritura cuneiforme mesopotámica y los jeroglíficos mayas permitieron a las sociedades antiguas registrar y transmitir información de manera más eficiente y perdurable.

3. **La agricultura:** si bien no es un «invento» en el sentido tradicional, el desarrollo de la agricultura marcó un hito crucial en la historia humana.

   Las civilizaciones antiguas como la sumeria, la egipcia y la china implementaron técnicas agrícolas innovadoras, como el riego, la rotación de cultivos y el uso del arado, lo que les permitió alimentar a poblaciones cada vez más grandes y establecer sociedades más complejas.

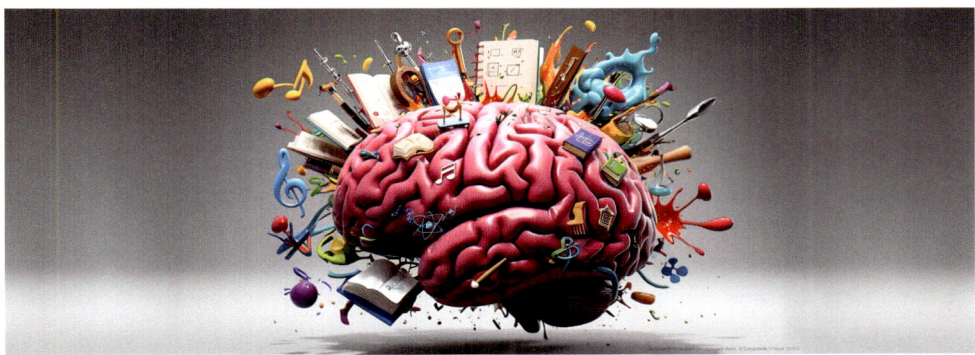

Figura 1.1. El ser humano y la creatividad.

4. **La metalurgia:** la metalurgia, especialmente la producción de bronce y hierro, fue un avance tecnológico significativo en la antigüedad. Civilizaciones como la del antiguo Egipto, Mesopotamia y la China antigua dominaron el arte de trabajar los metales, creando herramientas, armas y objetos de valor que impulsaron el comercio y la expansión cultural.

5. **Construcción:** las civilizaciones antiguas desarrollaron técnicas impresionantes de construcción que siguen siendo asombrosas hoy en día. Ejemplos notables incluyen las pirámides de Egipto, los zigurats mesopotámicos, los templos griegos y los acueductos romanos, que reflejan la ingeniería y la creatividad de esas culturas.

Figura 1.2. El ingenio y la creatividad en la antiguedad.

Y de la misma forma, podemos ver cómo se valoraba y cómo se entendía que la creatividad podía aparecer en cualquier aspecto dentro de la sociedad humana. Por ejemplo:

1. **Civilizaciones antiguas:** en culturas como la egipcia, la mesopotámica, la griega y la romana, encontramos la creatividad en diversas formas, como la arquitectura, el arte, la filosofía y la literatura. Se celebraban y promovían las expresiones creativas como una forma de expresar la identidad cultural y religiosa.

2. **Edad Media:** durante la Edad Media en Europa, la creatividad estaba estrechamente ligada a la religión y al arte sacro. La arquitectura gótica, la música religiosa y las obras literarias inspiradas en temas religiosos fueron formas importantes de expresión creativa durante este período.

3. **Renacimiento:** el Renacimiento fue una época de gran florecimiento creativo en Europa, especialmente en Italia. Se valoraba la creatividad en todas las áreas del conocimiento, desde el arte y la música hasta la ciencia y la filosofía. Figuras como Leonardo da Vinci, Miguel Ángel y Rafael son ejemplos destacados de la creatividad renacentista.

4. **Ilustración y Revolución Industrial:** durante los siglos XVIII y XIX, la Ilustración y la Revolución Industrial marcaron un cambio significativo en la forma en que se percibía y se fomentaba la creatividad. Se promovía la innovación en campos como la ciencia, la tecnología y la industria, lo que llevó a avances revolucionarios en nuestra sociedad.

5. **Siglo XX y actualidad:** en el siglo XX, la creatividad se convirtió en un campo de estudio académico en sí mismo, con la psicología y la educación interesadas en comprender sus procesos y mecanismos. Con la llegada de la tecnología y la globalización en el siglo XXI, la creatividad se ha vuelto aún más importante en campos como el diseño, la innovación empresarial y la resolución de problemas en nuestro día a día.

Figura 1.3. La fusión de lo antiguo y lo moderno en la creatividad.

Quizás, uno de los aspectos más llamativos es que durante la etapa de la Revolución Industrial, no se valoraban las aportaciones de la ciencia como creatividad, a pesar de que precisamente esa capacidad creativa, fue la que permitió crear e inventar todas las innovaciones tecnológicas de aquel momento. De hecho, hoy en día sigue sin verse como parte creativa del ser humano. Se reduce a considerarlo «inventos» y se le resta cierto valor desde el punto de vista creativo.

Durante el siglo xx, diversos autores se interesaron por este aspecto y comenzaron a realizar investigaciones y estudios sobre la creatividad del ser humano.

Este concepto se entendía como la capacidad de crear algo partiendo de una idea y/o una motivación personal. Y llegaron a concluir que esta característica o habilidad está presente en todas las personas, aunque en diferentes intensidades.

Uno de los autores más conocidos que realizó estos estudios es Howard Gardner, conocido por su teoría de las «inteligencias múltiples». En su libro «Creatividad: Inteligencia, Placer y Riesgo», explora la relación entre la creatividad y diferentes formas de inteligencia, como la lingüística, la lógico-matemática y la espacial.

Junto con Gardner, podemos encontrar otros autores relevantes como Jean Piaget, Robert J. Sternberg, Teresa Amabile, Ellis Paul Torrance, Joy Paul Guilford y Frank Barron. Así que podemos decir que, desde el punto de vista educativo y formativo, la creatividad y el ser humano ha sido (y sigue siendo) estudiada e investigada por la comunidad científica.

Figura 1.4. Nuestro cerebro tiene las herramientas para ser creativo.

1.2. Características de las personas creativas

La creatividad tiene mucho que ver con la resolución de problemas.

Incluso con la forma y manera de afrontar situaciones difíciles o complejas de cualquier tipo a lo largo de la vida.

Ser una persona creativa, no tiene por qué estar directamente asociado al hecho de saber tocar un instrumento o escribir un *best seller* mundial. Ya lo hemos dicho. Así que quizás, para poder utilizar esta habilidad y trabajarla desde un punto de vista educativo o formativo, las primeras personas que debemos practicarla y trabajarla seamos nosotros mismos como docentes que también somos y podemos ser creativos.

A veces basta con fijarse en las pequeñas cosas para poder «ver» cómo los elementos más sencillos que podemos emplear en nuestro día a día son producto de la creatividad de otra persona. Alguien sintió la necesidad de resolver un problema que tenía o tuvo la idea de probar a ver qué ocurría si intentaba crear algo que podía servir para tal o cual función cotidiana. Incluso ante situaciones de carencia o de urgencia, suelen aparecer estos momentos creativos y llenos de ideas.

En algunos casos incluso, ni siquiera era la primera opción de uso con la que habíamos creado algo, es la que finalmente funciona o la que finalmente sirve para las personas. Pero curiosamente, esa idea, esa innovación, termina teniendo otra utilidad o relevancia que hace que lleguemos a incorporar determinadas creaciones en nuestra vida cotidiana. Para muestra, algunos botones como el microondas, el velcro, la penicilina, el teflón o los pósit. Hoy día nos puede costar pensar en no poder utilizar algunos de ellos cada día. Así que podríamos decir que estamos rodeados de ideas creativas y de innovaciones que nada tienen que ver con el arte como tal.

Figura 1.5. Mente creativa.

Si tuviéramos que hacer una clasificación de adjetivos o características que definen a una persona creativa, podríamos empezar por una lista como la siguiente:

1. **Curiosidad:** las personas creativas suelen ser curiosas y tienen un deseo de explorar nuevas ideas, conceptos y experiencias.

2. **Pensamiento original:** la creatividad implica la capacidad de generar ideas originales y únicas. Las personas creativas tienden a pensar de manera no convencional y a encontrar soluciones innovadoras a los problemas.

3. **Flexibilidad mental:** la flexibilidad mental es crucial para la creatividad. Las personas creativas son capaces de adaptarse rápidamente a nuevas situaciones, considerar diferentes perspectivas y cambiar de enfoque según sea necesario.

4. **Tolerancia a la ambigüedad:** la creatividad a menudo implica trabajar en entornos ambiguos y no definidos. Las personas creativas son capaces de tolerar la incertidumbre y la ambigüedad, y no se sienten intimidadas por la falta de respuestas o soluciones inmediatas.

5. **Perseverancia:** las personas creativas son capaces de mantenerse enfocadas en sus objetivos a pesar de los obstáculos y los contratiempos que puedan ir surgiendo.

6. **Observadoras:** las personas creativas suelen ser observadoras y están atentas a los detalles y patrones que otras personas pueden pasar por alto. Están constantemente recopilando información y observando el mundo que los rodea.

7. **Pensamiento divergente:** el pensamiento divergente es la capacidad de generar múltiples soluciones o ideas a partir de una sola premisa. Las personas creativas suelen ser hábiles en el pensamiento divergente y son capaces de generar una amplia gama de opciones ante una misma situación.

Figura 1.6. Construir la creatividad es posible.

Esta podría ser una lista inicial, pero deberíamos añadir también otros adjetivos o características que también componen ese factor creativo de las personas, como, por ejemplo:

- Ingenioso/a
- Ingenuo/a
- Reflexivo/a
- Soñador/a
- Realista
- Humilde
- Con buen humor (entendiéndolo como un carácter, actitud o forma de ser)
- Motivado/a
- Adaptable

Si juntamos todas estas características, podríamos encontramos a nosotros mismos en ellas. Evidentemente, no se trata de tener todas las características a la vez ni funcionando al mismo tiempo, pero sí que son parte de los componentes que ponen en marcha la creatividad en cualquier persona.

1.3. Producto creativo

Una vez que hemos tenido una idea y hemos decidido llevarla a término para poder crear algo nuevo o innovador, podemos empezar a hablar del producto creativo. Nos referimos al resultado tangible o intangible de un proceso creativo. Ahora bien, ¿qué debe tener este producto para que lo consideremos como un producto creativo?

Básicamente necesitamos que sea considerado útil, original, innovador, que sirva como expresión personal o cultural, que pueda generar un impacto emocional, que sea funcional y que se pueda adaptar a diferentes situaciones y personas.

Figura 1.7. Debemos tener una idea para empezar.

Podríamos añadir algunas características más como las siguientes:

- Servir como solución de un problema o necesidad existente.

- Del aspecto anterior, surge el hecho de que debe ofrecer alternativas diferentes a las ya conocidas.

- Que sea original o novedoso. Aunque en ocasiones, no sea del todo original, y esté basado en una idea anterior pero mejorada o modificada.

- Y por supuesto, que sea útil. Es el punto más relevante para que consideremos que el producto tiene valor.

1.4. Bases neuropsicológicas de la creatividad

Nuestro cerebro es creativo por naturaleza.

Se enfrenta diariamente a retos y situaciones que hacen que tenga que diseñar y rediseñar estrategias que nos ayuden a enfrentarnos a lo que sucede a nuestro alrededor.

Precisamente por este hecho, se puede afirmar hoy día que en el sistema neocortical de nuestro cerebro, podríamos encontrar la relación directa con nuestra propia creatividad, porque ahí es donde llevamos a cabo el tratamiento de la información que recibimos, donde reflexionamos y donde desarrollamos nuestros pensamientos.

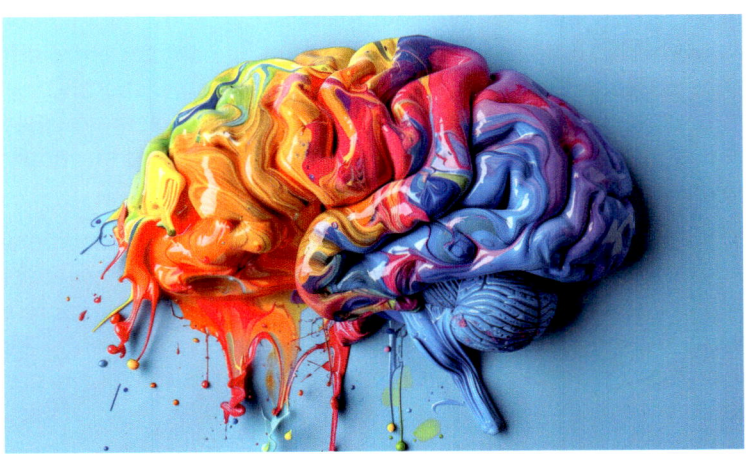

Figura 1.8. Cómo funciona el cerebro creativo.

Las investigaciones y estudios sobre las bases neuropsicológicas de la creatividad buscan comprender cómo funciona el cerebro de una persona en un proceso creativo. Y aunque cuando hablamos del cerebro, siempre nos queda mucho por descubrir, hoy día ya se han identificado ciertas regiones y procesos cerebrales que parecen estar asociados con la creatividad humana. Es importante tener en cuenta que la creatividad es un fenómeno complejo y multifacético que sigue siendo investigado activamente por neurocientíficos y psicólogos.

Algunos de los elementos que podemos considerar con respecto a las bases neuropsicológicas serían las siguientes:

1. **Redes neuronales asociadas con la creatividad:** se ha demostrado que varias regiones cerebrales están involucradas en el proceso creativo. Esto incluye áreas como el lóbulo frontal (especialmente el córtex prefrontal), que está involucrado en la generación de ideas y la planificación. El lóbulo temporal, asociado con la integración de la información y la memoria. Y el lóbulo parietal, que desempeña un papel fundamental en la atención y la percepción.

2. **Neurotransmisores:** la creatividad también está influenciada por la actividad de ciertos neurotransmisores en el cerebro, como la dopamina. La dopamina, en particular, se ha asociado con la motivación, el placer y la búsqueda de nuevas experiencias, los cuales, son elementos importantes en el proceso creativo.

3. **Conectividad cerebral:** la creatividad parece estar relacionada con la capacidad del cerebro para integrar información de diferentes regiones y redes neuronales. Se ha sugerido que las personas creativas tienen una mayor conectividad entre regiones cerebrales aparentemente no relacionadas, lo que les permite encontrar nuevas asociaciones y perspectivas. (De aquí se puede sacar ese pensamiento divergente que les caracteriza a dichas personas).

4. **Flexibilidad cognitiva:** la creatividad implica la capacidad de pensar de manera flexible y divergente. Esto requiere la capacidad de cambiar entre diferentes modos de pensamiento, ver las cosas desde múltiples perspectivas y considerar ideas aparentemente contradictorias. Estas habilidades están respaldadas por la flexibilidad cognitiva, que está influenciada por la actividad en varias áreas cerebrales, incluidas las regiones prefrontales.

5. **Estado de flujo:** cuando una persona está experimentando un estado de flujo, en el cual están completamente inmersos en una actividad creativa y se sienten energizados y enfocados, hay cambios en la actividad cerebral. Durante el estado de flujo, hay una disminución en la actividad de la corteza prefrontal, que está asociada con la autoconciencia y el juicio crítico, lo que permite que la creatividad fluya más libremente.

1.5. Influencia del medio y del contexto en la creatividad

Está claro que el medio y el contexto en los que vivimos las personas, nos influencian directamente en nuestro estilo de vida, en nuestros pensamientos y creencias, esquemas mentales, culturales, laborales, etc.

Por lo tanto, no podemos obviar el hecho de que también puede influir significativamente en la capacidad creativa de las personas. Al igual que con aspectos como los educativos, familiares y laborales, los entornos que fomentan la diversidad, la exploración, la colaboración y la libertad de expresión suelen ser los más adecuados para el desarrollo de la creatividad individual y colectiva.

Figura 1.9. Creatividad sin límites.

Algunos de los elementos del contexto en el que nos desenvolvemos y que nos pueden afectar desde el punto de vista creativo, serían los siguientes:

1. **Cultura:** el entorno cultural en el que una persona crece y se desarrolla puede influir en su forma de pensar, sus valores, sus creencias y sus perspectivas. Cada cultura tiene sus propias normas, tradiciones y expectativas sociales, que pueden fomentar o inhibir la creatividad. Por ejemplo, algunas culturas pueden valorar la conformidad y la tradición sobre la originalidad y la innovación, mientras que otras pueden promover la experimentación y la individualidad.

2. **Educación y ambiente laboral:** el ambiente educativo y laboral en el que una persona se encuentra, puede tener un impacto significativo en su creatividad. Los entornos que fomentan el pensamiento crítico, la colaboración, el debate abierto y la experimentación suelen ser más propicios para el desarrollo de la creatividad. Por otro lado, los entornos altamente estructurados, competitivos o restrictivos pueden limitar la expresión creativa.

3. **El acceso a los recursos y el acceso a los estímulos:** el acceso a recursos como libros, arte, música, tecnología y experiencias culturales puede enriquecer el entorno de una persona y estimular su creatividad. Las personas que tienen acceso a una variedad de estímulos y oportunidades de aprendizaje tienden a tener más posibilidades de explorar nuevas ideas y desarrollar su creatividad.

Por otra parte, las personas que no tienen acceso a este tipo de recursos pueden ver inhibida su parte creativa al no poder acceder siquiera a las ideas o informaciones de otras personas.

4. **Presión social y expectativas:** la presión social y las expectativas de las demás personas pueden influir en la creatividad de una persona. Por ejemplo, la presión por cumplir con estándares académicos o laborales específicos puede llevar a un enfoque más conservador y menos creativo. Del mismo modo, las expectativas sociales sobre lo que se considera «normal» o «aceptable» pueden restringir la expresión creativa de una persona.

5. **Diversidad y multiculturalismo:** los entornos que valoran la diversidad cultural, étnica, de género y de experiencia suelen ser más propicios para la creatividad. La exposición a diferentes perspectivas y formas de pensar puede estimular la creatividad de la persona y ampliar sus perspectivas sobre diferentes hechos y situaciones.

ACTIVIDADES FINALES

1.1. ¿Qué se entiende por creatividad en el contexto educativo?

a) Una habilidad exclusivamente innata.

b) La capacidad de generar ideas originales y útiles.

c) Una forma de resolver problemas sin seguir reglas.

1.2. ¿Quién fue uno de los primeros en estudiar la creatividad científicamente?

a) Howard Gardner.

b) J. P. Guilford.

c) Albert Bandura.

1.3. Según la investigación, ¿cuál es una característica clave de las personas creativas?

a) Son altamente conformistas.

b) Tienen alta tolerancia a la ambigüedad.

c) Evitan el pensamiento divergente.

1.4. ¿Qué define a un producto como creativo?

a) Que sea original pero no funcional.

b) Que sea completamente novedoso.

c) Que combine originalidad y utilidad.

1.5. ¿Cuál de las siguientes estructuras cerebrales está más asociada con la creatividad?

a) La corteza prefrontal.

b) El cerebelo.

c) El tálamo.

1.6. ¿Qué autor desarrolló la teoría del pensamiento divergente como base de la creatividad?

a) E. Paul Torrance.

b) J. P. Guilford.

c) Lev Vygotsky.

1.7. ¿Qué papel juega el entorno en la creatividad según los estudios recientes?

a) Es irrelevante; la creatividad depende solo del individuo.

b) Proporciona estímulos y recursos clave.

c) Inhibe la creatividad en todos los casos.

1.8. ¿Cómo se puede identificar a una persona creativa en un contexto laboral?

a) Por su resistencia al cambio.

b) Por su capacidad para resolver problemas de forma novedosa.

c) Por su adherencia estricta a las normas.

1.9. ¿Cuál es un factor que puede influir negativamente en el desarrollo de la creatividad?

a) Estímulos constantes.

b) Rigidez en el pensamiento.

c) Libertad excesiva.

1.10. ¿Qué característica se asocia con los productos creativos en el ámbito educativo?

a) Resolución de problemas educativos específicos.

b) Originalidad sin aplicabilidad práctica.

c) Cumplimiento estricto del currículo.

1.11. ¿Cuál es un antecedente histórico del estudio de la creatividad?

a) Las teorías psicoanalíticas de Freud.

b) Las leyes del aprendizaje de Thorndike.

c) Los experimentos de Skinner.

1.12. ¿Qué es la fluidez en el pensamiento creativo?

a) La capacidad de generar ideas rápidamente.

b) La capacidad de evitar ideas comunes.

c) La capacidad de encontrar una única solución.

1.13. ¿Cómo influye la neuroplasticidad en la creatividad?

a) Permite desarrollar nuevas conexiones neuronales.

b) Restringe el desarrollo de ideas nuevas.

c) Bloquea la creatividad en contextos formales.

1.14. Según Guilford, ¿qué tipo de pensamiento es esencial para la creatividad?

a) Pensamiento lógico.

b) Pensamiento convergente.

c) Pensamiento divergente.

1.15. ¿Qué característica distingue a las personas creativas en la resolución de problemas?

a) Siguen siempre un enfoque lineal.

b) Exploran múltiples soluciones posibles.

c) Evitan el uso de experiencias previas.

1.16. ¿Qué influencia tiene el contexto cultural en la creatividad?

a) Es completamente irrelevante.

b) Moldea la percepción de qué es creativo.

c) Determina exclusivamente la originalidad.

1.17. ¿Qué área cerebral se asocia con la generación de ideas nuevas?

a) La amígdala.

b) La red de modo predeterminado (DMN).

c) El hipocampo.

1.18. ¿Qué se entiende por flexibilidad en el pensamiento creativo?

a) Generar ideas rápidamente.

b) Cambiar de enfoque ante un problema.

c) Evitar nuevas perspectivas.

1.19. ¿Qué estrategia puede estimular la creatividad en el aula?

a) Aplicar reglas estrictas sin excepción.

b) Fomentar actividades de pensamiento divergente.

c) Utilizar métodos exclusivamente memorísticos.

1.20. ¿Qué implica la originalidad en un producto creativo?

a) Que sea completamente inusual.

b) Que sea único y relevante para el contexto.

c) Que no tenga relación con ideas anteriores.

El proceso creativo

Contenido

2.1. Modelos y su aplicación como solución de problemas

Aunque la creatividad sea una habilidad que podemos entrenar y perfeccionar, no va a surgir de la noche a la mañana como algo «mágico». Puede ser complicado encontrar la forma o el método a través del cual una persona desarrolla su creatividad de forma efectiva y positiva.

Pero sí entendemos que, al tratarse de una habilidad, podemos ir probando diferentes métodos de trabajo, de entrenamiento y de práctica, a través de los cuales comprobar de qué forma y en qué manera desarrollarla. Aquí es donde entra la educación y la formación. Y en concreto, dentro del acto de enseñanza-aprendizaje que llevamos a cabo cada día en nuestras sesiones de clase.

Si nos fijamos en los modelos educativos que trabajan sobre la creatividad, encontramos que ya tenemos ejemplos para ir aplicando metodologías diferentes, si desarrollamos los métodos de enseñanza basados en la solución de problemas, en la incorporación de las TIC dentro del aula o dejamos que las riendas de determinados contenidos o prácticas las cojan nuestros grupos de alumnos.

Figura 2.1. El valor añadido de la creatividad en la educación.

2.2. Modelos del proceso creativo como solución de problemas

En estos modelos educativos, podríamos desarrollar las características propias que tienen, pero vamos a enfocarnos en el objetivo común que comparten, que es el de trabajar la creatividad con el alumnado, independientemente de la edad que puedan tener.

En estos ejemplos encontramos las ideas principales que los fundamentan:

1. **Metodología basada en proyectos:** este modelo promueve el aprendizaje a través de la realización de proyectos creativos y prácticos. El alumnado trabaja en proyectos que les permite explorar temas de interés, plantear y resolver problemas, y expresar su creatividad a través de diferentes medios.

2. **Aprendizaje experiencial:** este modelo se centra en el aprendizaje a través de la experiencia directa y práctica. El alumnado participa en actividades y situaciones que les retan a aplicar su creatividad para resolver problemas reales y enfrentar desafíos del mundo real.

3. **Enfoque de educación artística:** la educación artística fomenta la creatividad a través de la exploración y la expresión artística como tal. El alumnado participa en actividades como pintura, dibujo, música, teatro y danza, que le permiten desarrollar su imaginación, experimentar con diferentes formas de expresión y encontrar su camino creativo.

4. **Aprendizaje basado en el juego:** el juego es una forma natural en la que desde niños, exploramos el mundo, experimentamos con ideas y desarrollamos nuestra creatividad. Los métodos educativos que se basan en el juego fomentan la creatividad al proporcionar oportunidades para el juego libre, la imaginación y la resolución de problemas en un entorno lúdico y no estructurado.

Figura 2.2. Jugar ayuda a que crezca la creatividad.

5. **Enfoque de pensamiento creativo:** este enfoque se centra en enseñar al alumnado habilidades y estrategias específicas para fomentar el pensamiento creativo. Esto puede incluir técnicas de pensamiento lateral, lluvia de ideas, analogías, *reframing* (o cambio de perspectiva) y resolución de problemas creativos.

6. **Aprendizaje basado en desafíos:** en este método, el alumnado se enfrenta a desafíos complejos y multifacéticos que requieren soluciones creativas. Se trabaja en equipos para identificar problemas, generar ideas y desarrollar soluciones innovadoras a través de un proceso de repetición y mejora.

2.3. El desarrollo de proyectos creativos. Desarrollo de proyectos utilizando las TIC

Hoy en día ya está perfectamente asumido que las nuevas tecnologías forman parte y benefician de forma probada, a los procesos de enseñanza-aprendizaje dentro de cualquier aula.

No se puede seguir manteniendo el escepticismo sobre este hecho y tampoco se le puede dar la espalda a la realidad tecnológica en la que vivimos.

Si estamos tratando de potenciar el aspecto creativo de las personas para que pueda resultarles útil en su día a día, no podemos dejar a un lado que las tecnologías nos rodean y forman parte de nuestra vida tanto para el aspecto laboral como para el aspecto personal, social y de ocio. Por lo tanto, siempre será mejor que busquemos la forma más efectiva y eficaz de integrar las TIC dentro del espacio del aula como herramienta útil y compatible con el trabajo creativo que queramos impulsar en nuestros grupos.

Los proyectos educativos con el objetivo de potenciar el desarrollo creativo tienen un gran potencial si los asociamos al uso y manejo de las nuevas tecnologías de la información. Es una de las formas de «transformar» el modelo típico de clases en cualquier formato y, lo mejor de todo, es que podemos aplicarlo en multitud de ámbitos educativos.

Figura 2.3. Las NTICīs en el aula.

¿Vemos algunas posibilidades?

1. **Tener acceso a recursos y herramientas creativas:** las TIC en el aula proporcionan acceso a una amplia gama de recursos que podemos encontrar en línea, como imágenes, vídeos, textos, música, bibliotecas, *software* de diferentes tipos, etc., que pueden utilizarse para inspirar a nuestros grupos y ayudarlos a crear contenido creativo.

2. **Posibilita la aparición de la expresión creativa:** las TIC ofrecen una variedad de herramientas y plataformas que permiten a las personas expresar su creatividad de formas diferentes. Desde la edición de vídeo hasta la programación de aplicaciones, las TIC nos brindan oportunidades para explorar, conocer, profundizar y experimentar con distintos medios de expresión creativa.

3. **Colaboración y trabajo en equipo:** las TIC facilitan la colaboración entre el alumnado, permitiéndoles trabajar juntos en proyectos creativos de manera remota o en tiempo real. Plataformas de colaboración en línea, como Google Docs, Trello, Slack, Zoom o Microsoft Teams, permiten al alumnado participar y compartir ideas, trabajar en documentos de forma simultánea y colaborar en la creación de contenido conjuntamente.

4. **Personalización del aprendizaje:** las TIC permiten la personalización del aprendizaje, adaptando el contenido y las actividades educativas a las necesidades e intereses individuales de los estudiantes. Es más, hoy en día tenemos la posibilidad de utilizar las aplicaciones y plataformas de aprendizaje adaptativo, que pueden ajustarse automáticamente al nivel de habilidad y estilo de aprendizaje de cada persona, brindando una experiencia de aprendizaje más personalizada y estimulante.

Figura 2.4. Gafas de realidad virtual.

5. **Exploración de nuevas ideas y conceptos:** las TIC ofrecen al alumnado la oportunidad de explorar y experimentar con ideas y conceptos de manera interactiva y multimedia. Desde simulaciones hasta juegos educativos, las TIC brindan un entorno dinámico y estimulante que fomenta la creatividad y el pensamiento crítico.

El punto de reflexión ya no es si las TIC tienen o no cabida dentro del aula o de las metodologías educativas, sino si nosotros como docentes estamos preparados y dispuestos a crear y diseñar programaciones de aula en las que las incorporemos y aprendamos a darles el uso apropiado y aprender a manejarlas adecuadamente para lograr los objetivos formativos que nos planteamos.

Así que quizás no podemos pretender que nuestro alumnado trabaje con las nuevas tecnologías y que por arte de magia sean o se vuelvan creativos, si nosotros mismos no sabemos utilizarlas adecuadamente y no hemos hecho (con antelación) un trabajo de análisis, estudio y pruebas de cuáles son las más apropiadas y las que mejor nos sirven para los fines que perseguimos. (Nuestro trabajo siempre requiere de nuestra propia actualización desde el punto de vista tecnológico, que no se nos olvide).

Figura 2.5. La creatividad y la tecnología.

2.4. La creación de un proyecto de clase utilizando la metodología del ABP

El Aprendizaje Basado en Proyectos, o metodología ABP, es un enfoque educativo que se centra en el aprendizaje activo y práctico a través de la realización de proyectos.

En esta metodología, el alumnado debe trabajar en proyectos que sean significativos, auténticos y relevantes para su propia vida real, lo que le permite aplicar los conocimientos y habilidades adquiridos en situaciones concretas.

A través de esta metodología, podemos trabajar también sobre habilidades como la colaboración, la comunicación, el pensamiento crítico y la toma de decisiones, siempre relacionando el trabajo que vayan a realizar con los desafíos del mundo real.

La metodología ABP, generalmente, sigue los siguientes pasos:

1. **Definición del proyecto:** de manera grupal, el alumnado define un proyecto que sea interesante y relevante para él. Esto puede incluir identificar un problema que desee resolver, investigar sobre un tema de interés común, o crear un producto o servicio que considere que sea necesario o que pueda resultar útil.

2. **Investigación y planificación:** se realiza una investigación sobre el tema del proyecto, recopilando información relevante y desarrollando un plan de acción para llevar a cabo el proyecto. Esto puede incluir la búsqueda de recursos, la identificación de tareas y la asignación de responsabilidades entre los miembros del grupo.

3. **Implementación del proyecto:** a la hora de llevar a cabo el proyecto, se han de aplicar los conocimientos y habilidades adquiridos en el proceso por cada uno de los miembros del grupo. Esto puede implicar la realización de experimentos, la creación de prototipos o la recopilación de datos, entre otras actividades posibles, dependiendo del tema que se haya elegido.

4. **Presentación y evaluación:** una vez completado el proyecto, el grupo presenta sus resultados al resto de compañeros y formadores. Esto puede incluir la elaboración de informes, la creación de presentaciones o la organización de exhibiciones y muestras. Además, se lleva a cabo una evaluación del proyecto, que puede incluir la autoevaluación, la evaluación entre compañeros y la evaluación por parte del formador como parte del proceso de evaluación de la materia que se esté trabajando.

ACTIVIDADES FINALES

2.1. ¿Qué define al proceso creativo?

a) La creación de ideas sin propósito.

b) Un proceso estructurado para generar soluciones innovadoras.

c) Un enfoque rígido para resolver problemas.

2.2. ¿Cuál de estos modelos describe mejor el proceso creativo como solución de problemas?

a) El modelo de pensamiento crítico.

b) El modelo de las seis etapas de Wallas.

c) El modelo conductista de Thorndike.

2.3. ¿Qué etapa del modelo de Wallas está relacionada con la incubación de ideas?

a) Preparación.

b) Incubación.

c) Verificación.

2.4. ¿Cuál es un beneficio clave de aplicar modelos creativos a la resolución de problemas?

a) Simplificar el problema sin considerar la originalidad.

b) Encontrar soluciones innovadoras y aplicables.

c) Seguir un enfoque rígido y metódico.

2.5. ¿Qué es el pensamiento lateral según Edward de Bono?

a) Un enfoque para analizar información existente.

b) Un método para generar ideas fuera de los patrones habituales.

c) Un proceso matemático para resolver problemas.

2.6. ¿Qué herramienta tecnológica puede potenciar la creatividad en proyectos educativos?

a) Las hojas de cálculo.

b) Las aplicaciones de diseño colaborativo.

c) Las bases de datos.

2.7. En el desarrollo de proyectos creativos, ¿qué papel juegan las TIC?

a) Limitan las posibilidades creativas.

b) Facilitan la colaboración y la innovación.

c) Solo sirven como medio de presentación.

2.8. ¿Qué es un proyecto basado en la metodología ABP?

a) Un proyecto dirigido exclusivamente por el docente.

b) Un enfoque centrado en la resolución de problemas reales.

c) Un método que evita el uso de recursos tecnológicos.

2.9. ¿Qué característica define a un proyecto creativo efectivo?

a) Originalidad sin conexión práctica.

b) Resolución innovadora de un problema significativo.

c) Ajustarse estrictamente al currículo.

2.10. ¿Qué etapa del proceso creativo está relacionada con la generación de múltiples ideas?

a) Incubación.

b) Iluminación.

c) Divergencia.

2.11. ¿Cómo se puede mejorar un proyecto utilizando la metodología ABP?

a) Proporcionando tareas repetitivas.

b) Involucrando a los estudiantes en la solución de problemas del mundo real.

c) Eliminando los elementos de colaboración.

2.12. ¿Qué fase del proceso creativo implica evaluar la viabilidad de las ideas generadas?

a) Preparación.

b) Incubación.

c) Verificación.

2.13. ¿Cuál de estas técnicas fomenta la creatividad en el aula?

a) Mapas mentales.

b) Memorización de conceptos.

c) Pruebas estandarizadas.

2.14. ¿Cómo se integra la tecnología en el desarrollo de proyectos creativos?

a) Como una herramienta complementaria para enriquecer el proceso.

b) Como el único medio para crear proyectos.

c) Como una barrera para la interacción personal.

2.15. ¿Qué papel juega la reflexión en el proceso creativo?

a) Es irrelevante para generar ideas nuevas.

b) Permite evaluar y ajustar las ideas generadas.

c) Es necesaria solo en proyectos grupales.

2.16. ¿Cuál es un ejemplo de un producto creativo en un proyecto ABP?

a) Un ensayo descriptivo.

b) Una solución innovadora para un problema local.

c) Un resumen de un libro de texto.

2.17. ¿Qué estrategia puede mejorar la colaboración en proyectos creativos?

a) Limitar la interacción entre los participantes.

b) Utilizar herramientas colaborativas en línea.

c) Dividir las tareas y evitar el trabajo en equipo.

2.18. ¿Qué etapa del proceso creativo puede ser difícil de predecir?

a) Preparación.

b) Incubación.

c) Iluminación.

2.19. ¿Qué aspecto es fundamental en la metodología ABP?

a) La evaluación individual de los estudiantes.

b) La conexión del proyecto con el mundo real.

c) El uso exclusivo de herramientas digitales.

2.20. ¿Qué técnica es útil para iniciar el desarrollo de un proyecto creativo?

a) *Brainstorming* o lluvia de ideas.

b) Creación de un esquema rígido de trabajo.

c) Estudio de casos estándar.

Relación del pensamiento creativo y el pensamiento crítico

Contenido

El pensamiento creativo y el pensamiento crítico son dos habilidades cognitivas complementarias que tenemos las personas y que se utilizan de manera conjunta para abordar distintos tipos de problemas, ya sean cotidianos o complejos. Nos apoyamos en ellas para tomar decisiones y buscar soluciones a las situaciones a las que nos enfrentamos a diario. En muchas ocasiones, esas respuestas o soluciones pueden ser innovadoras.

Por lo tanto, aunque son distintos tipos de pensamientos, están interconectados y pueden potenciarse mutuamente.

3.1. Necesidad de desarrollar en el alumnado la creatividad y el pensamiento crítico

En nuestro trabajo como docentes, buscamos potenciar las habilidades y capacidades de nuestro alumnado. Habitualmente lo hacemos basándonos en las programaciones diseñadas previamente, donde tenemos definidos unos objetivos cognitivos, procedimentales y actitudinales.

En este sentido, podemos ver que, en la mayoría de las familias profesionales, no solo pretendemos que se alcancen unos conocimientos teóricos, sino que buscamos la relación con lo que estamos trabajando y la vida profesional y personal de nuestros grupos.

De aquí el hecho de que el desarrollo tanto de la creatividad como del pensamiento crítico se hace necesario para poder alcanzar de forma más completa dichos objetivos.

Ya hemos explicado anteriormente cuáles son los beneficios de trabajar y desarrollar la creatividad, pero recordemos lo más importante para poder ver la relación directa que tienen la creatividad y el pensamiento crítico.

Si trabajamos la creatividad con nuestro alumnado, no solo lo ayudaremos a desarrollar habilidades fundamentales para el éxito en el mundo actual, sino que también fomentará su autoexpresión, sus habilidades comunicativas, su interacción con los demás, su flexibilidad mental y su capacidad para innovar y resolver problemas de manera efectiva.

Potenciar el pensamiento crítico en el alumnado es esencial para prepararlos a la hora de enfrentar los desafíos del mundo actual, desarrollar habilidades de pensamiento independiente y promover un aprendizaje profundo y significativo para él.

Trabajar dentro del aula este pensamiento crítico, veremos que está justificado por varios motivos:

1. **Desarrollo de habilidades de análisis:** el pensamiento crítico permite al alumnado analizar información de manera objetiva, identificar supuestos subyacentes y evaluar

la validez de argumentos y evidencias. Estas habilidades son esenciales para comprender y procesar de manera efectiva la gran cantidad de información a la que estamos expuestos en la actualidad.

2. **Desarrollo del pensamiento independiente:** al potenciar el pensamiento crítico, se alienta a nuestros grupos a cuestionar, explorar diferentes perspectivas y tomar decisiones informadas basadas en su propio razonamiento. Esto los ayuda a desarrollar autonomía intelectual y a ser capaces de formar opiniones fundamentadas por sí mismos, en lugar de simplemente aceptar información sin cuestionarla.

3. **Preparación para la vida real:** en la vida cotidiana, tanto personal como profesionalmente, nos enfrentamos a una variedad de situaciones que requieren pensamiento crítico, como resolver problemas, tomar decisiones importantes y evaluar la información. Potenciar estas habilidades desde una edad temprana, nos ayudaría a prepararlos para enfrentar los desafíos del mundo real adulto, de manera más efectiva.

Figura 3.1. Desarrollar el pensamiento crítico.

4. **Promoción del aprendizaje profundo:** el pensamiento crítico va más allá de la memorización de hechos, fechas, definiciones o teorías. Implica comprender conceptos, se relaciona directamente con el aprendizaje significativo. Y este es un punto sobre el que trabajamos a diario para alcanzarlo dentro de nuestras aulas. Por lo tanto, hacer conexiones entre ideas y aplicar el conocimiento de manera significativa en diferentes contextos, es una estrategia positiva y enriquecedora, dentro del proceso de enseñanza-aprendizaje. Al fomentar el pensamiento crítico, se promueve un aprendizaje más profundo y duradero, ya que el alumnado está involucrado activamente en su propio proceso de aprendizaje.

5. **Desarrollo de personas responsables:** en una sociedad democrática, es fundamental que las personas puedan analizar de manera crítica la información política, social y económica, así como participar de manera informada en el proceso cívico. El pensamiento crítico les capacita para tomar decisiones fundamentadas, participar en debates constructivos y contribuir de manera significativa al bienestar de la comunidad en la que viven.

Figura 3.2. La creatividad nos inspira.

3.2. Cómo desarrollar las habilidades creativas y críticas

Entonces, ¿qué estrategias podemos utilizar dentro del aula para trabajar conjuntamente ambos aspectos?

1. **Fomentar la curiosidad y la exploración:** la comunicación efectiva dentro de un aula empieza por permitir a nuestros grupos que participen dentro del desarrollo de la clase. Que puedan preguntar, que puedan aportar, que exploren diferentes perspectivas y que investiguen sobre determinados temas de forma activa.

   Esto los ayuda a desarrollar habilidades de investigación crítica mientras hacemos crecer su curiosidad y creatividad sobre los temas planteados.

2. **Proporcionar oportunidades para la resolución de problemas abiertos:** si presentamos a nuestros grupos actividades y/o problemas complejos y desafiantes que no tengan una única solución correcta, los estaremos ayudando a desarrollar ese pensamiento flexible entendiendo que no siempre las cosas se pueden resolver de una única forma. La cuestión aquí es animarlos a que vean que hay diferentes enfoques sobre una misma situación o caso.

3. **Promover el pensamiento divergente y convergente:** el pensamiento divergente implica generar múltiples ideas y soluciones, mientras que el pensamiento convergente implica analizar y evaluar esas ideas para llegar a una conclusión. Si elaboramos actividades que fomenten ambos tipos de pensamiento, estaremos dejando espacio a que aparezcan en sus esquemas mentales, nuevos caminos e ideas.

4. **Integrar el arte y la expresión creativa en el aula:** incluir actividades artísticas, como el dibujo, la escritura creativa, la música o los juegos simbólicos, permiten al alumnado una expresión más creativa de sus ideas y conclusiones. Erróneamente, siempre se asocia este tipo de actividades a la educación reglada y sobre todo en edad infantil o primaria (ocasionalmente en secundaria). Pero ahí cometemos un fallo tremendo, porque independientemente de la edad de nuestro alumnado, esta integración de la expresión creativa dentro del aula es válida para trabajar con todas las personas por igual. Otra cosa será que con alumnos adultos tengamos que introducir estas actividades de forma diferente a como lo haríamos con niños o adolescentes. Pero por poder, se puede hacer y se obtienen resultados más que positivos. (Dejemos de tener miedo al alumnado adulto, por favor, que a todos nos gusta disfrutar realizando tareas diferentes a las habituales de papel y boli o pantalla y teclado).

5. **Fomentar el debate y la discusión:** el uso de debates y discusiones en el aula sobre temas relevantes y controvertidos puede ser muy enriquecedor para trabajar las habilidades creativas y críticas. Pero CUIDADO. Los debates, en función de cómo estén organizados y dependiendo de sobre qué temas vayamos a proponerlos, pueden volverse contra nosotros. Así que sí, hagámoslo, pero de forma organizada y sabiendo que todas las personas del grupo entienden que es un ejercicio y para qué se está haciendo.

6. **Las discusiones con salidas de tono** (sobre todo con alumnado adulto): puede escapársenos de las manos, amparándose en un debate de clase, si no lo hemos diseñado adecuadamente o no hemos tenido en cuenta los factores y el contexto del grupo con el que estemos trabajando. Aquí incluso me atrevo a decir, que se dará la circunstancia de que encontremos grupos con los que NO deberíamos realizar este tipo de dinámicas. Por suerte, podemos poner en práctica otras que funcionarán igual de bien y que no romperán el microclima de trabajo positivo dentro de la clase.

7. **Proporcionar retroalimentación constructiva:** no siempre seremos nosotros quienes demos una retroalimentación o una respuesta a nuestro alumnado. Podemos potenciar que también se produzca esta retroalimentación entre ellos mismos opinando sobre las ideas y trabajos creativos que se hayan trabajado dentro del aula. Esto los ayuda a desarrollar habilidades para evaluar de forma constructiva, el trabajo de las demás personas y a mejorar sus propias habilidades creativas, de análisis y comunicativas.

8. **Fomentar la experimentación y el fallo como parte del proceso de aprendizaje:** tomar riesgos desde una perspectiva creativa y ver el fracaso como una oportunidad de aprender y crecer es algo que debemos trabajar dentro del aula. De nuevo, con cualquier tipo de alumnado independientemente de su edad. Dentro de las habilidades sociales, la aceptación de riesgos y la resiliencia pueden ser trabajadas y entrenadas para saber afrontarlas mejor en el momento que surjan en nuestras vidas. A fin de cuentas, el aula es un espacio seguro donde poder practicar, experimentar, equivocarse, acertar, aprender, valorar, conocer, aprender, etc. Dejémosles claro este aspecto y pongamos en marcha las actividades y prácticas que creamos que los pueden ayudar a trabajar estas habilidades.

Figura 3.3. Buscar nuestra creatividad.

3.3. Utilización de la información de forma creativa y crítica

Cuando hablamos de la utilización de la información de forma creativa y crítica dentro de un aula, nos referimos a la capacidad que queremos que desarrolle nuestro alumnado para procesar, analizar y aplicar la información de manera original, innovadora y reflexiva.

¿Cómo podría manifestarse esta capacidad?

1. **Generando nuevas ideas:** el alumnado puede utilizar la información disponible para generar nuevas ideas, perspectivas o soluciones a problemas existentes. Esto implica pensar de manera creativa y buscar conexiones inesperadas entre conceptos o temas relacionados.

2. **Creando productos originales:** también podemos utilizar la información como inspiración para crear productos originales propios. Al hacerlo, podemos aplicar nuestra propia creatividad para comunicar nuestras ideas de manera efectiva y novedosa.

3. **Evaluando de forma crítica la información:** si utilizamos el pensamiento crítico para analizar y evaluar la calidad, la relevancia y la fiabilidad de la información que encontramos y recibimos a diario, podemos trabajar sobre el cuestionamiento y verificación de las fuentes, identificar sesgos o errores en la información y determinar la validez de los datos presentados.

4. **Aplicación contextual de la información:** los estudiantes pueden aplicar la información que han aprendido en diferentes contextos o situaciones, demostrando su comprensión profunda y su capacidad para hacer conexiones entre conceptos aparentemente dispares.

5. **Resolución de problemas complejos:** podemos utilizar la información de manera creativa y crítica para abordar problemas complejos que requieren un pensamiento innovador y una evaluación cuidadosa de las opciones disponibles. Podemos proponer soluciones nuevas o mejorar las ya existentes, mediante el análisis reflexivo y la aplicación de conocimientos relevantes.

Figura 3.4. Formarnos e informarnos sobre la creatividad.

3.4. Tecnología y procesos de creatividad y pensamiento crítico

Ya sabemos que la tecnología juega un papel significativo en el fomento y la mejora de los procesos de creatividad y pensamiento crítico en el aula y más allá. La tecnología forma parte de nuestra vida diaria como hemos comentado anteriormente. Por lo tanto, es importante aceptar este hecho y buscar la manera de integrarlo dentro de nuestras programaciones de aula y nuestras actividades y proyectos con los grupos que trabajemos.

La tecnología actual es una herramienta poderosa para fomentar y mejorar los procesos de creatividad y pensamiento crítico en el aula al proporcionar acceso a información y recursos ilimitados en la red.

Nos facilita el trabajo colaborativo, nos ofrece herramientas de creación de contenido, nos proporciona entornos de aprendizaje prácticos y promueve el aprendizaje personalizado y autónomo.

Es decir, la tecnología es un elemento muy positivo si lo unimos con cualquier proceso de enseñanza-aprendizaje.

¿Qué tecnologías podemos utilizar?

Esta podría ser una de esas «preguntas del millón». Y basándome en lo que estamos explicando a lo largo de este contenido, diré que no hay una respuesta única a esta pregunta.

Evidentemente, cada formador deberá revisar la tecnología que esté al alcance de su grupo, que se pueda implementar dentro del aula y que tenga relación y sentido con lo que se esté trabajando. Por lo tanto, podemos utilizar desde una presentación de diapositivas hasta un simulador en realidad aumentada. Todo dependerá de qué queramos trabajar y de qué recursos tengamos a nuestra disposición.

Pero volvemos al punto crítico y clave: nosotros, como formadores, debemos conocer la tecnología actual, debemos saber utilizarla adecuadamente y emplearla de forma coherente, organizada y con sentido dentro del aula.

Figura 3.5. A más ideas, más creatividad.

Si solo hacemos una búsqueda básica en cualquier motor de búsqueda, cogemos el primer resultado que encontramos, no lo revisamos adecuadamente, ni lo trabajamos, ni aprendemos a utilizarlo, ni sabemos qué funciones nos ofrece... ahí toda la tecnología del mundo, nos servirá para lo mismo que un zapato sin cordones. O sea, para nada.

Nuestro trabajo como formadores conlleva ese previo de investigación por nuestra parte, de preparación y de aprendizaje continuo. Y por supuesto, de mejora en la calidad de lo que ofrecemos a nuestro alumnado. Si queremos trabajar aspectos como la creatividad y el pensamiento crítico, deberemos hacer ese trabajo anterior y **crear** las actividades, ejercicios, dinámicas, supuestos y prácticas que se adapten a lo que estemos trabajando con ese grupo en ese momento.

Pero, por favor, hay que hacerlo de forma reflexiva, coherente y programada. El acto de enseñanza-aprendizaje es lo suficientemente importante como para que no dejemos al azar o a la improvisación permanente la incorporación de elementos tan maravillosos y horribles como pueden ser las tecnologías. Así que pongámonos a trabajar y hagamos nuestras clases con el pensamiento de que sean efectivas, que apoyen los objetivos que perseguimos y que promuevan esa búsqueda del aprendizaje significativo final.

ACTIVIDADES FINALES

3.1. **¿Qué define la relación entre pensamiento creativo y pensamiento crítico?**

a) Son procesos completamente independientes.

b) Son complementarios y necesarios para la resolución de problemas.

c) El pensamiento crítico se basa exclusivamente en la lógica.

3.2. **¿Por qué es importante desarrollar el pensamiento crítico y creativo en los estudiantes?**

a) Para fomentar la memorización de información.

b) Para prepararlos para resolver problemas complejos en la vida real.

c) Para evitar que dependan de recursos tecnológicos.

3.3. **¿Qué habilidad es esencial en el desarrollo del pensamiento crítico?**

a) Cuestionar y evaluar información.

b) Crear ideas sin restricciones.

c) Memorizar conceptos clave.

3.4. **¿Cuál de los siguientes métodos fomenta el desarrollo del pensamiento creativo?**

a) Resolver problemas con soluciones predeterminadas.

b) Utilizar técnicas de *brainstorming* o lluvia de ideas.

c) Restringir el acceso a recursos tecnológicos.

3.5. **¿Qué significa utilizar información de manera crítica?**

a) Analizar y evaluar su relevancia y veracidad.

b) Usar información únicamente para justificar opiniones personales.

c) Evitar la información que contradice nuestras ideas.

3.6. **¿Qué herramienta tecnológica es útil para el desarrollo del pensamiento crítico?**

a) Plataformas de aprendizaje basadas en debates.

b) Aplicaciones de cálculo matemático.

c) Presentaciones estáticas.

3.7. ¿Cómo se puede fomentar el pensamiento crítico en el aula?

a) Proporcionando preguntas abiertas para análisis.

b) Exigiendo respuestas específicas y cerradas.

c) Evitando temas controversiales.

3.8. ¿Qué característica distingue al pensamiento creativo?

a) Su capacidad para encontrar soluciones únicas.

b) Su enfoque en la lógica formal.

c) Su dependencia de conocimientos preexistentes.

3.9. ¿Cómo se interrelacionan creatividad y pensamiento crítico en la resolución de problemas?

a) La creatividad genera ideas y el pensamiento crítico las evalúa.

b) La creatividad es más importante que el pensamiento crítico.

c) Ambas trabajan por separado y no se complementan.

3.10. ¿Qué técnica es efectiva para desarrollar habilidades críticas y creativas?

a) Análisis de casos prácticos.

b) Lectura de textos sin cuestionarlos.

c) Repetición mecánica de contenidos.

3.11. ¿Qué papel juega la tecnología en el desarrollo del pensamiento crítico y creativo?

a) Es un obstáculo para ambos procesos.

b) Potencia las habilidades mediante herramientas interactivas.

c) Es relevante solo en contextos técnicos.

3.12. ¿Qué se entiende por pensamiento crítico en la educación?

a) Aceptar información sin cuestionarla.

b) Analizar, evaluar y razonar de manera lógica.

c) Generar ideas nuevas y originales.

3.13. ¿Cuál es una estrategia para integrar el pensamiento creativo en el aprendizaje?

a) Promover la exploración de múltiples soluciones.

b) Enfocarse únicamente en respuestas correctas.

c) Limitar la participación de los estudiantes en discusiones.

3.14. ¿Qué aspecto fomenta la creatividad en el uso de la información?

a) Usar la información de manera única y original.

b) Repetir información previamente aprendida.

c) Seguir patrones tradicionales de aprendizaje.

3.15. ¿Cómo contribuyen las herramientas digitales al pensamiento creativo?

a) Al proporcionar acceso a recursos para la creación colaborativa.

b) Al restringir las posibilidades de experimentación.

c) Al limitar la creatividad a los recursos disponibles.

3.16. ¿Qué se busca al fomentar la creatividad en los estudiantes?

a) Soluciones únicas e innovadoras.

b) Respuestas predecibles y uniformes.

c) El cumplimiento estricto de normas educativas.

3.17. ¿Qué técnica ayuda a fomentar la creatividad y el pensamiento crítico simultáneamente?

a) Realizar debates sobre problemas actuales.

b) Repetir ejercicios de memoria.

c) Evitar el análisis de temas complejos.

3.18. ¿Cuál es el principal beneficio de integrar pensamiento crítico y creativo en la enseñanza?

a) Potenciar la resolución efectiva de problemas.

b) Simplificar el aprendizaje de los contenidos básicos.

c) Promover una educación tradicional.

3.19. ¿Qué rol juegan las TIC en los procesos de pensamiento crítico y creativo?

    a) Fomentan el análisis y la innovación.

    b) Son irrelevantes para estos procesos.

    c) Dificultan la colaboración entre estudiantes.

3.20. ¿Qué enfoque educativo combina pensamiento crítico y creativo de manera efectiva?

    a) Proyectos basados en problemas reales.

    b) Clases magistrales sin interacción.

    c) Métodos centrados en el docente.

4

¿Cómo aplicar la creatividad en el aula?

Con todo lo que hemos dicho hasta el momento, podemos decir que la creatividad se puede aplicar en el aula de muchas maneras. Lo cual refuerza la idea de su carácter multidimensional. Si proporcionamos experiencias dentro del aula que permitan al alumnado explorar, experimentar y expresarse de forma creativa, podremos ver cómo se va desarrollando esta habilidad y cómo la van integrando en su forma de trabajar diaria.

4.1. Planteamiento creativo en el aula

Si nos fijamos en las normativas y leyes educativas de nuestro país, nos daremos cuenta de que, en todas ellas, se refuerza la importancia de trabajar la creatividad en el aula. Por lo tanto, no es algo «nuevo», pero sí que es algo a lo que, de una forma u otra, nos resistimos o nos resulta un tanto abstracto.

Si decidimos hacer un planteamiento creativo en el aula, en realidad, estaremos aplicando una estrategia pedagógica que busca fomentar la creatividad y la innovación en el proceso de enseñanza-aprendizaje.

Esta estrategia se centra en diseñar y ejecutar actividades y experiencias educativas y formativas, que estimulen la imaginación, el pensamiento original y la expresión personal del alumnado.

Figura 4.1. La creatividad nos da alas.

Por lo tanto, esta estrategia metodológica va más allá de simplemente impartir conocimientos y practicar habilidades, ya que busca cultivar las capacidades y competencias del alumnado para pensar de manera crítica, resolver problemas de manera creativa y aplicar dicha creatividad en diversas áreas de sus vidas.

4.2. Características del pensamiento creativo

Si unos puntos más atrás hablábamos de las características de las personas creativas, ahora podemos hacer a modo de resumen, una lista con las características de lo que puede ser el pensamiento creativo. Pero es importante tener en cuenta lo que también hemos explicado antes, acerca de que la creatividad es un proceso complejo y multifacético que puede manifestarse de diferentes maneras en distintos contextos y personas.

Por lo tanto, estas características pueden representarse de forma diferentes en cada uno.

- **Originalidad:** el pensamiento creativo se relaciona directamente con la generación de ideas, conceptos o soluciones nuevas y originales que pueden ir más allá de lo convencional.

- **Flexibilidad:** las personas que piensan de forma creativa son capaces de considerar múltiples perspectivas, enfoques y posibilidades, y de adaptarse a diferentes situaciones.

- **Fluidez:** se refiere a la capacidad de generar una amplia variedad de ideas de manera rápida y libre, sin restricciones autoimpuestas.

- **Elaboración:** las personas que piensan de forma creativa pueden desarrollar y expandir ideas originales en detalles concretos y aplicables.

- **Pensamiento asociativo:** esto implica hacer conexiones inesperadas entre ideas, conceptos o experiencias aparentemente no relacionadas.

- **Tolerancia a la incertidumbre y la ambigüedad:** desde el pensamiento creativo, se pude manejar la incertidumbre y la ambigüedad de manera más efectiva y controlada, porque se ven como oportunidades para la exploración de nuevas variables.

- **Motivación intrínseca:** la creatividad está impulsada por una motivación interna y un interés positivo en el proceso creativo en sí mismo, más que por posibles recompensas externas.

Figura 4.2. Darle forma a nuestro pensamiento.

4.3. Etapas del proceso creativo

Cuando una persona está creando algo, va pasando por diferentes etapas a lo largo del proceso de creación. Y aunque cualquier proceso creativo es fluido y no necesariamente lineal, estático o constante, sí que podemos hablar de que se da una serie de pasos que va avanzando o solapándose entre sí o repitiéndose en algunas ocasiones. A fin de cuentas, es flexible como la propia creatividad.

De forma general, podríamos establecer los siguientes pasos en el proceso creativo:

1. **Preparación:** en esta etapa, la persona se sumerge en el tema o problema en cuestión, recopilando información relevante, explorando diferentes perspectivas y familiarizándose con los conceptos clave relacionados con el tema. Esta etapa también puede incluir la identificación de algunos aspectos problemáticos que requieran una solución creativa previa al desarrollo del propio proceso.

2. **Incubación:** durante esta etapa, se pasa a dejar de enfocarse conscientemente en el problema o tema y la persona deja que su mente procese la información de manera subconsciente. Esto puede implicar que se deje reposar el problema por un tiempo, dedicarse a otras actividades o distraerse para permitir que surjan nuevas conexiones y asociaciones que ayuden a avanzar.

3. **Iluminación:** también conocida como «momento Eureka» o «chispa creativa». En esta etapa pueden aparecer de forma repentina nuevas ideas o soluciones al problema. Esta revelación puede surgir de manera inesperada, como un destello de inspiración, y a menudo se experimenta como una sensación de claridad absoluta o comprensión repentina de algo que nos tenía bloqueados.

4. **Evaluación:** llega el momento en el que se evalúa y analiza críticamente las ideas o soluciones generadas durante la etapa de iluminación. Se considera la viabilidad, la relevancia y la efectividad de estas ideas, y se realizan ajustes o adaptaciones según sea necesario.

5. **Implementación:** en esta etapa final, se llevan a cabo las ideas o soluciones seleccionadas. Esto puede implicar la planificación detallada, la ejecución de acciones específicas y la materialización de las ideas en forma de productos creativos de diversa índole (tanto tangible como intangible).

4.4. Trabajar la creatividad: propuesta de Sternberg

Robert J. Sternberg es un destacado psicólogo cognitivo estadounidense, con múltiples y valiosas contribuciones al campo de la psicología. Y entre esas aportaciones, desarrolló la teoría de la *Inteligencia Triárquica* sobre la creatividad.

Sugiere que la creatividad puede ser comprendida como una habilidad de pensamiento, un proceso y un producto de la interacción entre la persona, el entorno y la tarea.

Esta perspectiva integral de la creatividad destaca la importancia de considerar múltiples factores al estudiar y fomentar la creatividad en diferentes contextos.

Así pues, propone que la creatividad es una parte integral de la inteligencia y que se puede entender a través de esos tres aspectos interrelacionados:

1. **Creatividad como habilidad de pensamiento:** la creatividad puede ser vista como una habilidad de pensamiento que implica la capacidad de generar ideas originales y útiles. Esta habilidad se puede desarrollar y mejorar a través de la formación y de la práctica.

2. **Creatividad como proceso:** la creatividad es un proceso que implica la generación, la selección y la implementación de ideas nuevas y útiles. Este proceso incluye etapas como la preparación, la incubación, la iluminación y la evaluación, similares a las etapas del proceso creativo que mencionamos anteriormente.

3. **Creatividad como ambiente y personalidad:** el entorno y la personalidad también influyen en la creatividad. Factores como la motivación intrínseca, la apertura a nuevas experiencias, la disposición a correr riesgos y el apoyo social pueden afectar la capacidad de una persona para ser creativa.

Figura 4.3. Estar dispuestos a asumir riesgos.

4.5. Creatividad y tipos de pensamiento

Tal y como vamos viendo, la creatividad se relaciona con varios tipos de pensamiento, incluidos los pensamientos divergente, convergente, crítico y lateral.

La capacidad de pensar de manera flexible, generar ideas originales y evaluar críticamente las soluciones propuestas son componentes clave del proceso creativo de cualquier persona.

Si nos planteamos con qué tipos de pensamiento se puede relacionar la creatividad, tendríamos las siguientes propuestas:

- **Pensamiento divergente:** el pensamiento divergente es la capacidad de generar múltiples respuestas o soluciones a un problema. La creatividad está estrechamente vinculada con el pensamiento divergente, ya que implica la generación de ideas nuevas y originales.

- **Pensamiento convergente:** a diferencia del pensamiento divergente, que busca generar múltiples respuestas, el pensamiento convergente se centra en encontrar la mejor solución única a un problema. Aunque la creatividad a menudo se asocia con la generación de ideas originales, también puede implicar la capacidad de evaluar y seleccionar las mejores ideas entre muchas opciones, lo que requiere habilidades de pensamiento convergente.

- **Pensamiento crítico:** el pensamiento crítico implica analizar, evaluar y cuestionar ideas de manera reflexiva y objetiva. La creatividad y el pensamiento crítico están estrechamente relacionados como ya hemos explicado anteriormente.

- **Pensamiento lateral:** el pensamiento lateral, propuesto por el psicólogo Edward de Bono, es un enfoque para resolver problemas de manera creativa mediante la exploración de soluciones no convencionales o fuera de lo común. Este tipo de pensamiento se alinea estrechamente con la creatividad, ya que implica la capacidad de pensar de manera no lineal y encontrar soluciones innovadoras que puedan pasar desapercibidas mediante enfoques más tradicionales.

Figura 4.4. Fomentar el pensamiento múltiple.

4.6. Modificar el contexto educativo de enseñanza

Teniendo en cuenta que nuestra incidencia como personas individuales, sobre el contexto educativo de la enseñanza, va a ser limitada, sí que debemos considerar importante el concepto de influir sobre lo que sí podemos actuar.

Evidentemente, no vamos a poder modificar una ley educativa o un real decreto por nosotros mismos, pero a veces parece que se nos olvida que tenemos en nuestra mano la programación de aula y que, con ella, podemos hacer cambios que sean significativos para nuestro alumnado.

Figura 4.5. La importancia del trabajo en equipo.

Si nos basamos en modificar el contexto educativo para buscar cambios destinados a mejorar la calidad del aprendizaje y a nuestra responsabilidad de adaptarnos a las necesidades que observemos en nuestros grupos de aula, podríamos proponer algunas ideas al respecto:

- **Enfoque centrado en el alumnado:** cambiar el enfoque de la enseñanza desde un modelo centrado en nosotros como formadores, hacia un enfoque centrado en el estudiante, que se adapte a los intereses, habilidades y estilos de aprendizaje individuales de ellos.

- **Promoción de la enseñanza activa:** fomentar la participación activa del alumnado en el proceso de enseñanza-aprendizaje, mediante el uso de metodologías como el aprendizaje basado en proyectos, el aprendizaje cooperativo, el aprendizaje experiencial y el aprendizaje en línea.

- **Integración de la tecnología educativa:** utilizar la tecnología de manera efectiva, sensata y coherente, para enriquecer la experiencia de aprendizaje, proporcionar acceso a recursos educativos en línea, facilitar la colaboración entre estudiantes y permitir la personalización del aprendizaje.

- **Evaluación integral, auténtica y formativa:** emplear métodos de evaluación que reflejen de manera más precisa el aprendizaje real de los estudiantes, mediante la evaluación de desempeños, la evaluación por competencias, la retroalimentación continua y el uso de herramientas adaptadas al contenido y al grupo.

- **Fomento de habilidades del siglo XXI:** incluir en el currículo el desarrollo de habilidades del siglo XXI, como el pensamiento crítico, la resolución de problemas, la creatividad, la comunicación efectiva, la colaboración y la alfabetización digital.

- **Promoción de la diversidad y la inclusión:** crear un entorno educativo inclusivo que respete la diversidad, las diferentes identidades, culturas y experiencias del alumnado, y que garantice la igualdad de oportunidades para todas las personas.

- **Enfoque en el aprendizaje a lo largo de la vida:** fomentar una cultura de aprendizaje continuo que prepare al alumnado para adaptarse a los cambios rápidos en la sociedad actual en la que vivimos, y en el mercado laboral, y que promueva la adquisición de habilidades y conocimientos a lo largo de toda la vida.

ACTIVIDADES FINALES

4.1. ¿Qué implica un planteamiento creativo en el aula?

a) Seguir estrictamente el currículo sin desviaciones.

b) Crear un entorno que fomente la innovación y la participación.

c) Limitar las actividades a ejercicios predefinidos.

4.2. ¿Qué es una característica fundamental del pensamiento creativo?

a) La capacidad de memorizar hechos rápidamente.

b) La originalidad en la generación de ideas.

c) La búsqueda de una única solución correcta.

4.3. Según las etapas del proceso creativo, ¿qué ocurre durante la fase de incubación?

a) Se recopila información de manera activa.

b) Se dejan reposar las ideas para que maduren.

c) Se implementa la solución final.

4.4. ¿Qué propone Sternberg para trabajar la creatividad en el aula?

a) Enfatizar la enseñanza tradicional.

b) Integrar el pensamiento analítico, creativo y práctico.

c) Evitar actividades relacionadas con la imaginación.

4.5. ¿Qué tipo de pensamiento se relaciona más con la creatividad?

a) Convergente.

b) Lateral.

c) Crítico.

4.6. ¿Cómo se puede modificar el contexto educativo para fomentar la creatividad?

a) Reduciendo la libertad de los estudiantes.

b) Proporcionando un entorno estimulante y flexible.

c) Manteniendo un enfoque estrictamente disciplinario.

4.7. ¿Qué es esencial en un planteamiento creativo en el aula?

a) Fomentar el error como parte del aprendizaje.

b) Priorizar la evaluación sobre el proceso creativo.

c) Centrarse exclusivamente en resultados tangibles.

4.8. ¿Qué define a una persona creativa según Sternberg?

a) Es capaz de resolver problemas únicamente a través de la lógica.

b) Es capaz de integrar el análisis con la innovación práctica.

c) Evita las situaciones inciertas o ambiguas.

4.9. Durante la fase de preparación en el proceso creativo, el estudiante:

a) Explora y reúne información relevante.

b) Implementa la solución.

c) Deja que las ideas fluyan sin un propósito definido.

4.10. ¿Qué tipo de actividades pueden estimular el pensamiento lateral en el aula?

a) Resolución de problemas con múltiples enfoques.

b) Ejercicios repetitivos y predecibles.

c) Lecturas mecánicas sin análisis.

4.11. ¿Cómo afecta un contexto rígido a la creatividad de los estudiantes?

a) La estimula, ya que establece límites claros.

b) La inhibe, al restringir el pensamiento divergente.

c) No tiene impacto significativo.

4.12. ¿Qué estrategia fomenta la creatividad y el pensamiento crítico según Sternberg?

a) Actividades que combinen análisis y solución de problemas reales.

b) Exámenes estandarizados.

c) Tareas individuales repetitivas.

4.13. ¿Qué ocurre durante la fase de iluminación en el proceso creativo?

a) Se genera una idea innovadora o solución clave.

b) Se organiza la información recopilada.

c) Se evalúa la aplicabilidad de las ideas.

4.14. **¿Qué aspecto caracteriza a un contexto educativo que fomenta la creatividad?**

a) Enfoque rígido en normas y procedimientos.

b) Flexibilidad y apertura para explorar ideas nuevas.

c) Exclusividad de contenidos formales.

4.15. **¿Qué relación tiene la creatividad con el pensamiento convergente?**

a) Lo complementa al evaluar las mejores soluciones.

b) Lo reemplaza, ya que no son compatibles.

c) No tiene relación alguna.

4.16. **¿Cuál es una característica clave del pensamiento creativo?**

a) La búsqueda de múltiples perspectivas.

b) La capacidad de seguir un esquema fijo.

c) La repetición de ideas establecidas.

4.17. **¿Cómo se puede trabajar la creatividad en proyectos educativos?**

a) Fomentando la experimentación y el aprendizaje autónomo.

b) Limitando las actividades a tareas guiadas.

c) Priorizando exclusivamente los objetivos curriculares.

4.18. **Según Sternberg, ¿qué tipo de pensamiento es esencial para la creatividad?**

a) Práctico.

b) Convergente.

c) Analítico.

4.19. **¿Qué debe hacer un docente para fomentar la creatividad en el aula?**

a) Evitar la participación activa de los estudiantes.

b) Proporcionar desafíos que requieran soluciones innovadoras.

c) Restringir el acceso a materiales diversos.

4.20. **¿Cómo se evalúa un proyecto creativo en el aula?**

a) Solo en base al producto final.

b) Considerando tanto el proceso como el producto.

c) Excluyendo la originalidad del producto.

5

Actividades para llevar la creatividad al aula

Con todo lo visto anteriormente, está perfectamente justificado que, como formadores, seamos capaces de desarrollar actividades, ejercicios, contenidos, supuestos y prácticas, que nos ayuden a acercar la creatividad a nuestros grupos de trabajo y a las aulas. Además de por los beneficios que ya hemos visto, también porque estas actividades ayudan a crear un ambiente de aprendizaje positivo, estimulante y enriquecedor en el espacio de la clase.

Podríamos hacer diferentes referencias a qué actividades serían las mejores, más apropiadas o que den mejores resultados, pero, como ocurre en muchas ocasiones, todo dependerá de quien lo haya utilizado y los resultados que haya obtenido. Por lo tanto, vamos a hacer una revisión básica sobre algunas de las actividades que podemos llevar a cabo, en los siguientes apartados.

Figura 5.1. Crear actividades.

5.1. Listas de chequeos

Las listas de chequeo, también conocidas como listas de cotejo, de verificación o de control, son herramientas que se utilizan en el ámbito educativo para organizar y evaluar el progreso del alumnado en una variedad de actividades y tareas.

Estas listas pueden adaptarse para incluir elementos específicos relacionados con el proceso creativo o con cualquier otra habilidad u objetivo de aprendizaje. (De hecho, encontramos las listas de cotejo dentro del ámbito de la evaluación educativa).

En el contexto de actividades creativas en el aula, las listas de chequeo pueden ser especialmente útiles para guiar a nuestros alumnos a través de un proceso creativo y ayudarlos a asegurarse de que hayan cubierto todos los aspectos necesarios para lograr un resultado exitoso. Es una herramienta versátil que puede adaptarse a la realización de diferentes tipos de actividades dentro de un aula, por lo tanto, podemos intentar aplicarla en distintas formas de contenidos y ámbitos formativos. Al proporcionar una estructura clara y objetiva, las listas de chequeo pueden ayudarnos, tanto desde el punto de vista creativo como desde el punto de vista reflexivo, sobre su propio avance y la evaluación propia y de los demás compañeros.

En estas listas se establece una serie de comportamientos significativos que se observarán en todos los alumnos. El formador constata si las conductas se manifiestan o no, por lo cual la alternativa de respuesta de cada conducta es de «sí» o «no». Así podemos ver si existe o no la conducta que se está observando en ese momento.

Para elaborar una lista de chequeo, se deben tener en cuenta una serie de elementos:

- Colocar las casillas en orden consecutivo de acuerdo con la actuación que se va a evaluar, es decir, que lleven un orden lógico.

- En la lista deben aparecer las acciones que representan errores comunes, situándolos en el orden que se espera que aparezcan.

- Cada elemento que vaya a ser evaluado y forme parte de la acción, debe ir en una casilla.

- Elaborar listas de cotejo únicamente para evaluar aquellas acciones que podamos clasificar con un «sí» o un «no».

Figura 5.2. Espacios creativos.

5.2. Entradas aleatorias (*Random Input*)

La actividad de entradas aleatorias, también conocida como «random input», es una técnica utilizada en el ámbito de la creatividad para estimular la generación de ideas originales y la resolución de problemas de manera no convencional.

Consiste en introducir elementos aleatorios, inesperados o aparentemente irrelevantes en el proceso creativo con el fin de desafiar las suposiciones preestablecidas y fomentar la exploración de nuevas posibilidades.

Esta actividad se basa en la premisa de que exponerse a estímulos no relacionados directamente con el problema en cuestión puede abrir nuevas vías de pensamiento e inspirar soluciones innovadoras.

Al introducir entradas aleatorias, el alumnado es estimulado a pensar de manera divergente, a hacer conexiones inesperadas y a considerar perspectivas fuera de lo común.

Por ejemplo, en un ejercicio de generación de ideas, el grupo podría recibir imágenes, palabras o conceptos aleatorios y luego podríamos pedirle que encontrase conexiones entre estos elementos y el problema que está tratando de resolver.

Estas entradas aleatorias actúan como catalizadores para la creatividad, ayudando a romper patrones de pensamiento convergente, normativo o establecido, y a impulsar la generación de ideas frescas y originales.

Figura 5.3. Cruzar ideas para conseguir la creatividad.

5.3. Hacer preguntas

La actividad de hacer preguntas, en el contexto de la creatividad y el pensamiento crítico, implica explorar un tema, problema o situación mediante la formulación de preguntas **reflexivas**, **abiertas**, **experimentales** y **significativas**.

Es importante que entendamos que «hacer preguntas» no es simplemente formularlas y ya está, sino que conlleva la reflexión previa por nuestra parte en cuanto a qué tipo de preguntas podríamos proponer a nuestro grupo, con qué fin, cuáles podrían ser las variables de respuesta emitidas y qué tipo de repreguntas haríamos ante determinadas respuestas para poder seguir ahondando sobre el tema en cuestión.

Hacer preguntas «sin más», sin que haya una reflexión, una retroalimentación posterior, solo con respuestas emitidas que se quedan en el aire, no va a darnos ningún tipo de resultado y será lo mismo que escribirlas en una barra de hielo. (Desaparecerán antes o después).

Esta actividad es muy útil para estimular el pensamiento crítico, fomentar la curiosidad y generar nuevas ideas en nuestros grupos, si (nuevamente) lo hacemos con criterio profesional, de forma coherente, integrada y programada.

Figura 5.4. La creatividad no tiene límites.

5.4. Imitación

¡CUIDADO!

En este tipo de actividad creativas, **NO** estamos hablando de copiar tal cual la obra de otra persona. Eso no nos serviría para nada desde el punto de vista creativo directamente.

Si bien es cierto que una actividad de imitación es una técnica utilizada en el ámbito educativo para fomentar la creatividad y el aprendizaje mediante la imitación deliberada de modelos o ejemplos, hay que puntualizar aquí y dejar muy claro que se trata de estudiar y replicar trabajos, obras o ejemplos de otras personas **con el objetivo** de comprender, aprender y reconocer cuáles han sido las técnicas aplicadas, los estilos, los enfoques, etc.

Es decir, no se trata de imitar por imitar, sino de haber trabajado anteriormente un contenido, una técnica, un proceso y, posteriormente, basándonos en el trabajo realizado por otra persona en ese mismo ámbito, imitar su desarrollo para poder observar lo estudiado previamente.

Figura 5.5. La imitación como práctica de aprendizaje.

Actividad	Descripción	Utilidad principal
Listas de chequeo	Herramientas con ítems organizados para evaluar comportamientos observables con respuestas tipo «sí/no».	Guiar el proceso creativo, facilitar la autoevaluación y la evaluación por parte del formador.
Entradas aleatorias	Técnica que introduce estímulos inesperados (palabras, imágenes, conceptos) para fomentar ideas no convenciona es.	Romper esquemas de pensamiento establecidos y generar soluciones innovadoras.
Hacer preguntas	Formulación reflexiva de preguntas abiertas y significativas para explorar un tema en profundidad.	Estimular el pensamiento crítico, fomentar la curiosidad y enriquecer el análisis.
Imitación	Estudio y reproducción deliberada de obras o modelos ajenos con fines didácticos, sin copiar de forma literal.	Comprender técnicas, estilos y procesos para aplicar conocimientos adquiridos.

A C T I V I D A D E S   F I N A L E S

5.1. **¿Qué son las listas de chequeos en el contexto creativo del aula?**

a) Un método para evaluar exclusivamente resultados.

b) Una herramienta para estimular ideas y reflexionar sobre problemas.

c) Una técnica para clasificar tareas administrativas.

5.2. **¿Cuál es el propósito de las entradas aleatorias (*Random Input*)?**

a) Asociar conceptos inesperados para generar ideas nuevas.

b) Seguir un patrón lógico y estructurado.

c) Repetir los conceptos ya conocidos.

5.3. **¿Qué tipo de preguntas fomenta la creatividad?**

a) Preguntas abiertas que inviten a explorar diferentes perspectivas.

b) Preguntas cerradas con una única respuesta correcta.

c) Preguntas que limiten las posibilidades de respuesta.

5.4. **¿Cómo se utiliza la imitación para fomentar la creatividad?**

a) Reproduciendo exactamente modelos preexistentes.

b) Inspirándose en modelos para crear algo original.

c) Evitando cualquier influencia externa.

5.5. **¿Qué es una ventaja clave de las listas de chequeos?**

a) Obligar a los estudiantes a seguir pasos predefinidos.

b) Fomentar la reflexión y la generación de nuevas ideas.

c) Limitar las posibilidades de creatividad.

5.6. **¿Qué caracteriza a las entradas aleatorias?**

a) Requieren un orden lógico previo.

b) Estimulan conexiones inesperadas entre ideas.

c) Se utilizan exclusivamente en contextos matemáticos.

5.7. ¿Cuál es el beneficio de hacer preguntas en el aula?

a) Fomentar la curiosidad y el pensamiento crítico.

b) Limitar la discusión para evitar distracciones.

c) Proporcionar respuestas predeterminadas.

5.8. ¿Cómo se puede aplicar la imitación en actividades creativas?

a) Copiando ideas sin modificaciones.

b) Adaptando ideas existentes para nuevos contextos.

c) Evitando cualquier modelo externo.

5.9. ¿Qué elemento diferencia a las listas de chequeos creativas de otras herramientas?

a) Su enfoque en pasos secuenciales.

b) Su capacidad para desencadenar nuevas ideas.

c) Su uso limitado a tareas administrativas.

5.10. ¿Cómo se pueden generar entradas aleatorias?

a) A través de herramientas digitales o palabras elegidas al azar.

b) Siguiendo un esquema predefinido.

c) Usando únicamente recursos impresos.

5.11. ¿Qué tipo de preguntas son más útiles para generar ideas originales?

a) Preguntas de opción múltiple.

b) Preguntas que desafíen supuestos.

c) Preguntas que sigan patrones estándar.

5.12. ¿Qué se logra al aplicar la imitación creativa?

a) Perpetuar modelos ya existentes.

b) Transformar elementos conocidos en innovaciones.

c) Evitar cualquier tipo de experimentación.

5.13. ¿Qué debe incluir una lista de chequeos creativa?

a) Indicaciones cerradas y directas.

b) Preguntas o sugerencias que inviten a la reflexión.

c) Elementos que limiten la exploración.

5.14. ¿Qué objetivo tiene el uso de entradas aleatorias?

a) Generar ideas a partir de asociaciones inusuales.

b) Organizar información de manera sistemática.

c) Producir resultados homogéneos.

5.15. ¿Qué tipo de preguntas facilita la creatividad en los estudiantes?

a) Las que fomentan la curiosidad y el cuestionamiento.

b) Las que se centran en una sola respuesta correcta.

c) Las que guían a una conclusión específica.

5.16. ¿Cómo puede la imitación enriquecer el aprendizaje creativo?

a) Permitiendo la reproducción de ideas ajenas.

b) Inspirando nuevas perspectivas a partir de modelos existentes.

c) Limitando el enfoque a lo conocido.

5.17. ¿Qué es una práctica común al usar listas de chequeos creativas?

a) Considerar alternativas fuera de lo convencional.

b) Seguir únicamente criterios predeterminados.

c) Clasificar elementos sin cuestionarlos.

5.18. ¿Qué ocurre cuando se usan entradas aleatorias correctamente?

a) Se generan asociaciones únicas e innovadoras.

b) Se limita la exploración de nuevas ideas.

c) Se refuerzan conceptos previamente aprendidos.

5.19. ¿Cómo se pueden estructurar las preguntas creativas en el aula?

a) Con opciones abiertas que exploren múltiples caminos.

b) Con respuestas únicas y cerradas.

c) Con un enfoque exclusivamente teórico.

5.20. ¿Qué fomenta la imitación dentro del aula creativa?

a) La dependencia de modelos tradicionales.

b) La transformación y mejora de ideas existentes.

c) La uniformidad en los proyectos de los estudiantes.

Aplicación de la creatividad en el currículo escolar

Solamente con este apartado dentro del programa formativo de esta especialidad, podríamos desarrollar otro manual completo para poder abordar en profundidad los diferentes ejemplos y aspectos que hay que tener en cuenta para cada una de las áreas del currículo escolar, y de todas y cada una de las familias profesionales que tenemos en nuestro país. Por lo tanto, y para concretar los aspectos clave de este apartado, realizaremos un acercamiento a algunas de las ideas clave que hay que tener en cuenta para cada uno de los ámbitos o áreas que se plantean.

6.1. Actividades y recursos para el área de lengua y literatura

La idea de la que partiremos en esta área será la de proporcionar al alumnado la oportunidad de explorar, experimentar y expresarse de manera creativa a través del lenguaje y la literatura. Por lo tanto, veamos brevemente algunos ejemplos de actividades que podemos llevar a cabo dentro del aula.

- **Talleres de escritura creativa:** creación de cuentos, poemas, diarios personales, ensayos imaginativos o historias cortas.

- **Dramatizaciones y lecturas en voz alta:** a través de la dramatización de obras de teatro, escenas de libros o poemas, y a través de las lecturas en voz alta para desarrollar habilidades de expresión oral y comprensión lectora.

- **Análisis de textos literarios:** esta actividad quizás sea la más conocida por muchos de nosotros porque ya forma parte del propio currículo desde hace más de 30 años.

- **Creación de libros artesanales:** utilizando técnicas como el *collage*, la encuadernación, la ilustración y la caligrafía. Esto les permite combinar su creatividad visual con su amor por la escritura y la lectura.

- **Proyectos de investigación literaria:** no solo se trata de realizar proyectos de investigación sobre temas literarios específicos, autores, movimientos literarios o períodos históricos, sino que lo que buscamos es que lo presenten de manera creativa, utilizando medios, recursos y tecnologías como presentaciones multimedia, carteles o ensayos visuales.

- **Uso de las NTIC y medios digitales:** utilizando herramientas y recursos digitales, como blogs, pódcast, vídeos o plataformas de escritura colaborativa, para fomentar la creatividad, la colaboración y la publicación de trabajos literarios en línea.

6.2. Actividades y recursos para el área de matemáticas

Desde una perspectiva creativa, es posible abordar las matemáticas de manera innovadora y estimulante, utilizando una variedad de actividades y recursos que desafíen al alumnado a pensar de manera creativa y a aplicar conceptos matemáticos de forma práctica y significativa.

Algunas actividades que podríamos desarrollar serían las siguientes:

- **Resolución de problemas creativos:** estos problemas pueden plantearse en forma de acertijos, rompecabezas o situaciones del mundo real que requieran aplicación de conceptos matemáticos.

- **Juegos y actividades lúdicas:** utilizando juegos de mesa, juegos en línea, rompecabezas matemáticos y actividades interactivas para involucrar al alumnado en el aprendizaje de conceptos matemáticos de manera divertida y motivadora.

- **Proyectos matemáticos creativos:** estos proyectos pueden incluir la creación de modelos tridimensionales, diseños geométricos, investigaciones estadísticas o juegos matemáticos originales.

- **Arte y matemáticas:** integrando el arte y las matemáticas mediante actividades que exploren la relación entre formas geométricas, patrones, simetría y proporción.

- **Tecnologías y herramientas digitales:** utilizando herramientas y recursos tecnológicos, como *software* de geometría dinámica, aplicaciones de visualización matemática, simuladores interactivos y plataformas de aprendizaje en línea, para proporcionar experiencias de aprendizaje matemático innovadoras y personalizadas.

Figura 6.1. Creatividad en todas las reas del currículo.

6.3. Actividades y recursos para el área del conocimiento del medio

Si proporcionamos al alumnado la oportunidad para explorar, experimentar y aplicar conceptos científicos de manera creativa, se fomenta su curiosidad, su pasión por la ciencia y su capacidad para resolver problemas de manera innovadora. Algunas actividades que podríamos llevar a cabo serían las siguientes:

- **Experimentos científicos creativos:** pueden crear sus propias investigaciones sobre fenómenos naturales, realizar experimentos de laboratorio o diseñar proyectos científicos innovadores.

- **Proyectos de investigación y exploración:** realizando proyectos de investigación sobre temas relacionados con el medio ambiente, la biología, la geología, la astronomía u otros campos de las ciencias naturales. Esto puede implicar la recopilación de datos, la realización de encuestas, la observación de la naturaleza o la investigación en línea.

- **Actividades de observación y exploración:** organizando salidas fuera del aula, excursiones a museos de ciencias, jardines botánicos y actividades de observación de la naturaleza para que puedan explorar y aprender sobre el mundo que los rodea de manera creativa y práctica.

- **Diseño de modelos y maquetas:** esto les permite aplicar sus conocimientos de manera creativa y visualizar conceptos abstractos de forma concreta.

- **Uso de recursos tecnológicos y multimedia:** utilizando herramientas tecnológicas y recursos multimedia, como simulaciones interactivas, vídeos educativos, aplicaciones de realidad aumentada o realidad virtual, para enriquecer la enseñanza de conceptos científicos y fomentar la exploración creativa.

- **Proyectos de conservación y sostenibilidad:** a través de proyectos relacionados con la conservación del medio ambiente y la sostenibilidad, donde puedan proponer soluciones creativas para abordar problemas ambientales locales o globales, como la contaminación, la deforestación o el cambio climático.

- **Creación de obras de arte inspiradas en la ciencia:** esto les permite explorar la conexión entre la ciencia y el arte, y expresar su comprensión de manera creativa.

6.4. Actividades y recursos para expresión plástica

Este sería quizás el área que más creatividad trabaja dentro de un aula. Por defecto y como dijimos al principio de este manual, es el ámbito «por excelencia» al que asociamos el concepto de creatividad, por lo tanto, aquí podríamos hacer cientos de actividades y propuestas a nuestro alumnado para trabajar con ellos esta habilidad.

Veamos solamente algunos ejemplos concretos:

- **Exploración de diferentes materiales y técnicas artísticas:** proporcionando al grupo una variedad de materiales artísticos, como pinturas, ceras, lápices de colores, acuarelas, arcilla, papel maché, tela, y todos los que podamos conseguir y acercar al aula. Es la forma más directa de que el alumnado pueda experimentar con diferentes técnicas de dibujo, pintura, escultura y *collage* directamente.

- **Proyectos de arte temáticos:** organizando proyectos de arte basados en temas específicos, como la naturaleza, la cultura, la historia, los sueños o las emociones.

Esto permite a los estudiantes explorar su creatividad y expresar sus ideas de manera personal y significativa.

- **Arte colaborativo:** puede incluir murales, instalaciones artísticas, proyectos de arte comunitario o colaboraciones en línea.

- **Integración de la tecnología:** utilizando recursos digitales, como programas de diseño gráfico, aplicaciones de arte digital, cámaras fotográficas o tabletas gráficas, para incorporar la tecnología en el proceso de creación artística y fomentar la experimentación y la innovación.

- **Visitas a museos de arte y galerías:** organizando visitas a museos de arte y galerías locales para que los estudiantes puedan apreciar obras de arte contemporáneo y clásico, y obtener inspiración para sus propias creaciones artísticas.

Figura 6.2. El arte y la creatividad.

6.5. Recursos de internet

Ya hemos dicho en varias ocasiones a lo largo de este manual, que el uso de las NTIC dentro del aula, puede ser una experiencia muy enriquecedora. De hecho, hoy en día, este uso se puede condensar precisamente en la utilización de los recursos que tenemos a través de internet.

Si integramos de manera efectiva el acceso a la cantidad ingente de recursos en línea que encontramos hoy en día, se pueden crear experiencias de aprendizaje enriquecedoras que estimulen la creatividad, el pensamiento crítico y la colaboración entre el alumnado con el que trabajemos.

También hemos comentado anteriormente que el buen uso de este recurso dependerá en gran medida de nosotros como formadores de estos grupos. Por lo tanto, manteniendo lo dicho anteriormente, solo vamos a hacer una breve aportación de algunos recursos que podemos encontrar en internet y que podrían ayudarnos a trabajar el aspecto creativo dentro del aula. (Como siempre, lo propuesto es solo una selección. Hay muchísimos más recursos de los que presentamos aquí).

- **Canva:** una herramienta en línea que permite crear diseños gráficos, presentaciones, publicaciones en redes sociales, folletos y más elementos, de manera fácil y creativa.

- **Adobe Spark:** herramienta en línea que incluye aplicaciones para crear gráficos, vídeos y páginas web de forma visualmente atractiva y creativa.

- **Educaplay:** una plataforma en línea que ofrece una variedad de actividades educativas interactivas, como crucigramas, sopas de letras, juegos de asociación, cuestionarios y otros recursos, diseñados para que los estudiantes puedan aprender de manera divertida y efectiva.

- **Google Arts & Culture:** una plataforma que ofrece acceso a miles de obras de arte, exposiciones virtuales y recursos educativos relacionados con el arte y la cultura de todo el mundo.

- **Pinterest:** una red social que permite descubrir y compartir ideas creativas en una variedad de áreas, como arte, diseño, manualidades, cocina, moda y más.

- **Kahoot!:** una plataforma de juegos educativos en línea que permite crear cuestionarios interactivos, encuestas y desafíos de aprendizaje para involucrar a los estudiantes de manera divertida y creativa.

- **Scratch:** un entorno de programación visual diseñado para que se puedan crear sus historias interactivas, juegos y animaciones de forma creativa y colaborativa.

- **Tinkercad:** una aplicación de modelado 3D en línea que permite a los estudiantes diseñar y crear modelos tridimensionales de manera intuitiva y creativa.

- **Storybird:** una plataforma que permite escribir y compartir historias utilizando ilustraciones y arte de una comunidad global de artistas.

- **Pixlr:** un editor de fotos en línea que ofrece herramientas para retocar imágenes, aplicar efectos, crear *collages* y diseños creativos.

- **ArtSteps:** una herramienta que permite crear exposiciones de arte virtuales en 3D, donde se pueden exhibir y compartir las propias obras de arte de manera creativa.

- **Jamboard:** una pizarra colaborativa en línea de Google que permite colaborar, compartir ideas y crear de manera creativa utilizando dibujos, notas adhesivas, imágenes y más.

- **BrainPOP:** una plataforma educativa que ofrece vídeos animados, juegos y actividades interactivas sobre una variedad de temas, que pueden estimular la creatividad y el pensamiento crítico del alumnado.

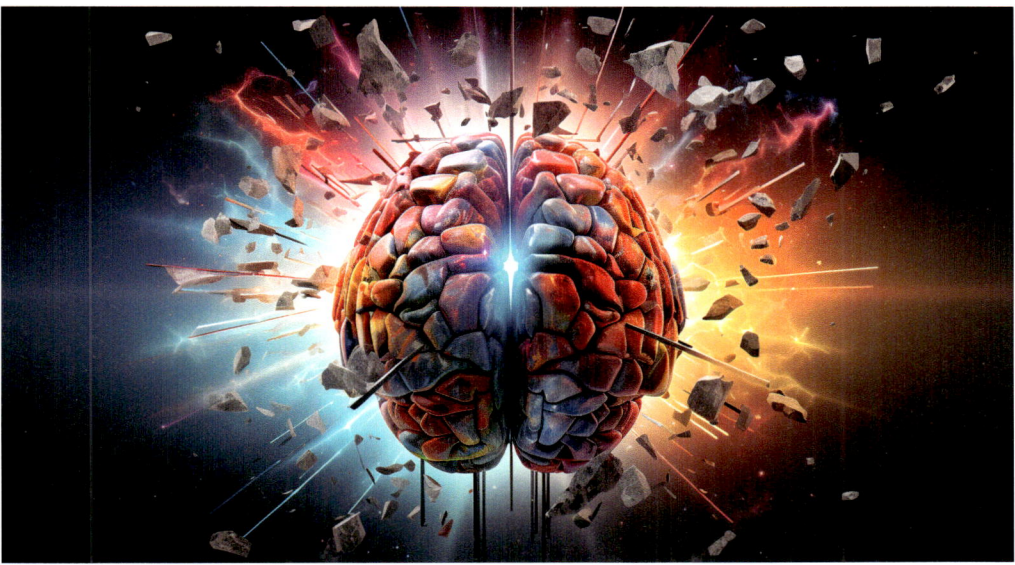

Figura 6.3. Recursos que alimentan nuestro cerebro.

Recurso	Utilidad educacitva
Canva	Crear presentaciones, folletos, materiales visuales creativos.
Adobe Spark	Producción de contenidos visuales atractivos.
Educaplay	Aprendizaje lúdico mediante juegos y cuestionarios.
Google Arts & Culture	Explorar arte y cultura mundial en clase.
Pinterest	Inspiración creativa en múltiples áreas (arte, diseño, etc.).
Kahoot!	Fomentar participación activa y divertida.
Scratch	Crear historias, juegos y animaciones colaborativas.
Tinkercad	Diseñar objetos 3D de forma creativa e intuitiva.
Storybird	Fomentar la escritura creativa y la narración visual.
Pixlr	Edición fotográfica y creación de composiciones visuales.
ArtSteps	Exhibir trabajos artísticos de forma interactiva.
Jamboard	Compartir ideas, trabajar en grupo y crear colectivamente.
BrainPOP	Estimular la creatividad y el pensamiento crítico de manera animada.

ACTIVIDADES FINALES

6.1. ¿Qué tipo de actividades pueden fomentar la creatividad en el área de lengua y literatura?

a) Escribir cuentos a partir de palabras clave.

b) Memorizar definiciones literarias.

c) Resolver ejercicios gramaticales repetitivos.

6.2. ¿Cómo se puede trabajar la creatividad en matemáticas?

a) Diseñando juegos con problemas numéricos.

b) Repitiendo cálculos ya resueltos.

c) Utilizando únicamente fórmulas tradicionales.

6.3. ¿Qué es un recurso creativo para el área de conocimiento del medio?

a) Realizar experimentos científicos caseros.

b) Leer únicamente textos informativos.

c) Resumir temas previamente estudiados.

6.4. ¿Qué técnica puede estimular la creatividad en la expresión plástica?

a) Crear obras inspiradas en emociones personales.

b) Copiar modelos artísticos de manera exacta.

c) Reproducir imágenes sin cambios.

6.5. ¿Cómo puede internet ser un recurso creativo en el aula?

a) Permitiendo el acceso a herramientas colaborativas y dinámicas.

b) Usándose solo para buscar información básica.

c) Limitando su uso a tareas administrativas.

6.6. ¿Qué actividad podría integrar creatividad en lengua y literatura?

a) Inventar personajes y escribir sus biografías.

b) Copiar párrafos de obras clásicas.

c) Recitar poemas ya conocidos.

6.7. ¿Cuál es un recurso creativo para enseñar matemáticas?

a) Utilizar materiales manipulativos como bloques o figuras.

b) Resolver ejercicios estándar de manera repetitiva.

c) Completar hojas de cálculo predefinidas.

6.8. ¿Qué actividad fomenta el aprendizaje creativo en conocimiento del medio?

a) Diseñar proyectos basados en fenómenos naturales.

b) Aprender datos de memoria sin aplicarlos.

c) Utilizar únicamente mapas impresos.

6.9. ¿Cómo se puede fomentar la creatividad en la expresión plástica?

a) Experimentar con materiales no convencionales.

b) Limitarse a usar lápiz y papel.

c) Realizar ejercicios con plantillas fijas.

6.10. ¿Qué ventaja tienen los recursos en línea para fomentar la creatividad?

a) Ofrecen herramientas interactivas para explorar ideas.

b) Reducen las opciones de personalización.

c) Se centran en resultados uniformes.

6.11. ¿Qué actividad puede ser efectiva en lengua y literatura?

a) Escribir finales alternativos para historias conocidas.

b) Leer textos sin analizarlos.

c) Completar ejercicios gramaticales mecánicos.

6.12. ¿Qué recurso fomenta la creatividad matemática?

a) Aplicaciones para resolver problemas de manera visual.

b) Usar solo libros de texto tradicionales.

c) Resolver ecuaciones sin comprenderlas.

6.13. ¿Qué estrategia fomenta la creatividad en el conocimiento del medio?

a) Crear maquetas de ecosistemas.

b) Resumir lecciones en una hoja de papel.

c) Limitarse a responder cuestionarios.

6.14. ¿Qué técnica artística es útil para desarrollar la creatividad en expresión plástica?

a) Pintar usando objetos cotidianos como pinceles.

b) Calcar imágenes prediseñadas.

c) Seguir instrucciones paso a paso sin variaciones.

6.15. ¿Cómo se puede usar internet para la creatividad en el aula?

a) Buscando y adaptando recursos interactivos.

b) Dependiendo únicamente de búsquedas rápidas.

c) Restringiendo su uso a ciertas páginas.

6.16. ¿Qué enfoque fomenta la creatividad en lengua y literatura?

a) Escribir textos basados en experiencias personales.

b) Copiar dictados de libros.

c) Aprender reglas gramaticales de memoria.

6.17. ¿Qué actividad matemática estimula el pensamiento creativo?

a) Resolver desafíos lógicos como acertijos.

b) Practicar fórmulas repetitivas.

c) Completar tablas numéricas sin análisis.

6.18. ¿Qué recurso promueve la creatividad en conocimiento del medio?

a) Diseñar experimentos que respondan a preguntas propias.

b) Leer pasajes de forma literal.

c) Hacer un esquema básico del tema.

6.19. ¿Cómo puede la expresión plástica fomentar el aprendizaje creativo?

a) Creando piezas que combinen distintos estilos artísticos.

b) Seguir estrictamente un modelo único.

c) Usar solo colores estándar.

6.20. ¿Qué plataforma de internet es ideal para fomentar la creatividad?

a) Herramientas colaborativas como Padlet o murales virtuales.

b) Páginas con contenido estático.

c) Aplicaciones exclusivamente informativas.

Programas de orientación y desarrollo de la creatividad

Contenido

7.1. Programa «Aprender a pensar-creatividad»
(M. de Sánchez)

En los años 90, la profesora Margarita de Sánchez presentó un estudio basado en los materiales de Edward de Bono, que abordaban el pensamiento lateral y su influencia en la creatividad de las personas.

En el caso de De Sánchez planteó directamente el concepto de «Aprender a pensar», como herramienta sobre la que trabajar el desarrollo de las inteligencias y, por ende, de la propia habilidad creativa de la persona.

El objetivo principal de este estudio era el desarrollo del alumnado en cuanto a las habilidades necesarias para aprender a pensar de forma eficaz y que lo ayudase a desarrollar su propio potencial a la hora de crear pensamientos críticos y creativos. Aquí juega un papel fundamental como hemos comentado anteriormente, la capacidad de resolver problemas de forma original y apoyándonos en un pensamiento divergente.

Si consideramos que el desarrollo del pensamiento como tal, nos ayuda a adquirir nueva información sobre un tema y que, además, esta nueva información se conecta con los esquemas mentales de conocimiento que ya tenemos, entonces estamos «viendo» cómo se construye ese pensamiento en la mente de cualquier persona.

La profesora De Sánchez ha publicado varios libros desarrollando este concepto de Aprender a pensar que han tenido una buena acogida en el mundo educativo como referencias bibliográficas sobre las que apoyarse para llevar a cabo determinadas acciones metodológicas dentro del aula.

Figura 7.1. Aprender a pensar.

7.2. Proyectos creativos en alumnos con talento y altas capacidades

Trabajar los proyectos creativos con el alumnado con talento y altas capacidades puede resultar muy útil porque vamos a potenciar su desarrollo integral, su potencial creativo e intelectual.

Una de las demandas más habituales en el trabajo con este tipo de alumnado es que, en la mayoría de los casos, si no están en un centro educativo especializado, no reciben los estímulos suficientes para potenciar sus altas capacidades.

A veces, es necesario que los formadores que nos encontramos con alumnos con altas capacidades dentro de nuestras aulas, entendamos, más que nunca, lo importante que es adaptar los programas a las necesidades individuales de cada persona.

Nuestro objetivo, al igual que con el resto de alumnado, siempre debería ser el de proporcionarles el apoyo y la orientación necesarios para que puedan alcanzar su máximo potencial.

Básicamente, estas personas necesitan un ambiente rico y estimulante que les permita desarrollar de forma diferente a la habitual, esa habilidad creativa.

Si de por sí una metodología de trabajo no funciona exactamente igual entre diferentes personas, tampoco tiene por qué funcionar igual con alumnado con altas capacidades.

¿Qué deberíamos tener en cuenta con este tipo de alumnado?

Quizás, planteándonos aspectos básicos y fundamentales, podemos encontrar la manera de trabajar de forma adecuada y sin tener que sentirnos presionados ni nosotros mismos, ni el propio alumnado.

Podemos programar proyectos que resulten desafiantes, que sean flexibles y que les den autonomía en sus propios procesos de aprendizaje.

Tenemos que entender que debemos conocer diferentes tipos de recursos y de herramientas que podemos utilizar y que estén adaptados a su nivel de conocimientos y manejo.

Y al mismo tiempo, también deberíamos tener en cuenta el aspecto emocional de apoyo y de refuerzo.

Porque en muchas ocasiones se nos olvida que todo nuestro alumnado también precisa de esta habilidad por nuestra parte para sentirse parte relevante de nuestros grupos de aula.

Y por supuesto, no podemos olvidarnos de llevar a cabo procesos de evaluación que sean formativos, continuos, basados en los procesos más que en las calificaciones numéricas, y conjugando tanto aspectos cuantitativos como cualitativos para que sea mucho más enriquecedor.

Figura 7.2. Cuidar de las capacidades del alumnado.

7.3. WebQuest sobre creatividad

El modelo de WebQuest fue desarrollado por el profesor estadounidense Bernie Dodge, en 1995, que lo definió como una actividad orientada a la investigación donde toda o casi toda la información que se utiliza procede de recursos de la web.

Una WebQuest se construye alrededor de una tarea atractiva que provoca procesos de pensamiento superior en la persona que la ejecuta. Se trata de «hacer algo» con la información, no solo de recogerla.

El tipo de pensamiento sobre el que se trabaja puede ser creativo o crítico y puede implicar la resolución de problemas, elaboración de conclusiones, análisis o síntesis.

La tarea que le propongamos a nuestro alumnado debe consistir en algo más que en contestar a simples preguntas o reproducir lo que hay en la pantalla de nuestro ordenador.

Idealmente, se debe corresponder con algo que, en la vida cotidiana real, hacemos las personas adultas fuera del ámbito educativo formal.

Las WebQuest son actividades simples en su diseño y a la vez muy ricas en cuanto al potencial de aprendizaje que poseen por la diversidad de competencias que el alumnado ha de poner en juego para ejecutarlas. Estamos hablando de que el alumnado tendrá que utilizar competencias tecnológicas, intelectuales y sociales para realizar estas actividades. Por lo tanto, podría ser otro tipo de actividad muy completa y muy útil en el ámbito del desarrollo de la creatividad y el pensamiento crítico de nuestros grupos.

Dentro de internet, podemos encontrar diferentes bancos de recursos de WebQuest elaboradas para diferentes niveles educativos y formativos, y edades, pero es mucho más interesante, que si nos despierta la curiosidad este modelo de trabajo en el aula, tratemos de diseñar nuestras propias WebQuest para ponerlas en marcha dentro del aula. (Os invito a entrar en el espacio de WebQuest Creator a través de internet e investigar al respecto).

Figura 7.3. Cantidad de recursos a nuestra disposición.

7.4. Recursos tecnológicos para proyectos creativos realizados y experimentados

Al igual que hemos nombrado en el Apartado 7.5 de este contenido, algunos de los recursos que podemos encontrar en internet para trabajar el aspecto creativo con nuestros alumnos, en este apartado podemos hacer otro breve listado de recursos que podrían sernos útiles para elaborar proyectos creativos dentro del aula.

Y al igual que hemos señalado en ese apartado anterior, esto es solo una selección de todos los recursos que podemos encontrar dentro de la red. Así que nos sirve de ejemplo para seguir investigando y descubriendo herramientas al respecto.

- **Adobe Creative Cloud:** ofrece una variedad de herramientas para diseño gráfico, edición de fotos y vídeos, creación de animaciones, diseño de sitios web y mucho más.

- **Unity:** una plataforma de desarrollo de videojuegos que permite crear juegos 2D y 3D de alta calidad para una variedad de plataformas, incluyendo computadoras, consolas y dispositivos móviles.

- **GarageBand:** un *software* de creación musical desarrollado por Apple que permite a los usuarios crear y grabar música de forma fácil e intuitiva.

- **Audacity:** un programa de edición de audio gratuito y de código abierto que permite grabar, editar y mezclar sonidos de manera profesional.

- **Inkscape:** un editor de gráficos vectoriales de código abierto que permite crear ilustraciones, diagramas y diseños vectoriales de alta calidad.

- **Moiki:** es una herramienta para crear historias interactivas de forma sencilla donde se pueden incorporar variables para ofrecer diferentes finales en función de las elecciones tomadas por parte de los usuarios.

- **Blender:** un *software* de modelado, animación y renderizado en 3D de código abierto que ofrece una amplia gama de herramientas para la creación de contenido visual en 3D.

- **Arduino:** una plataforma de *hardware* de código abierto que permite a los usuarios crear proyectos electrónicos interactivos y experimentar con la programación y la electrónica.

ACTIVIDADES FINALES

7.1. **¿Cuál es el propósito principal del programa «Aprender a pensar-creatividad» de M. de Sánchez?**

a) Fomentar la memorización de contenidos.

b) Desarrollar habilidades de pensamiento creativo en los estudiantes.

c) Enseñar técnicas específicas de dibujo.

7.2. **¿Qué caracteriza a los proyectos para alumnos con altas capacidades?**

a) Se enfocan exclusivamente en el aprendizaje repetitivo.

b) Son actividades que estimulan su potencial creativo.

c) Limitan la exploración para centrarse en resultados concretos.

7.3. **¿Qué es una WebQuest en el contexto de la creatividad?**

a) Una actividad en línea que guía a los estudiantes en la resolución de problemas creativos.

b) Un programa de diseño gráfico profesional.

c) Un *software* para crear exámenes automáticos.

7.4. **¿Qué papel tienen los recursos tecnológicos en proyectos creativos?**

a) Apoyar la innovación y la experimentación en el aula.

b) Sustituir completamente la enseñanza tradicional.

c) Limitar las ideas de los estudiantes al formato digital.

7.5. **¿Qué habilidad se busca potenciar con el programa «Aprender a pensar-creatividad»?**

a) La capacidad de memorizar reglas gramaticales.

b) El pensamiento divergente y creativo.

c) La habilidad para resolver problemas matemáticos de rutina.

7.6. **¿Cómo benefician los proyectos creativos a estudiantes con talento?**

a) Les permiten explorar sus intereses y habilidades únicas.

b) Les obligan a ajustarse a estándares académicos rígidos.

c) Limitan su aprendizaje a actividades específicas.

7.7. ¿Qué objetivo tiene una WebQuest?

a) Facilitar el acceso a recursos en línea para actividades innovadoras.

b) Proporcionar preguntas cerradas para respuestas directas.

c) Reforzar contenidos sin interacción creativa.

7.8. ¿Cuál es un ejemplo de recurso tecnológico útil en proyectos creativos?

a) Herramientas de diseño colaborativo como Canva.

b) *Software* de cálculo matemático únicamente.

c) Documentos en formato de texto sin opciones visuales.

7.9. ¿Qué estrategia utiliza el programa «Aprender a pensar-creatividad»?

a) Ejercicios para estimular el pensamiento crítico y creativo.

b) Métodos repetitivos de enseñanza.

c) Actividades limitadas a un solo tipo de aprendizaje.

7.10. ¿Por qué es importante desarrollar proyectos para alumnos con altas capacidades?

a) Para ayudarlos a maximizar su creatividad y potencial.

b) Para asegurar que se ajusten a los ritmos de aprendizaje estándar.

c) Para evitar que experimenten desafíos intelectuales.

7.11. ¿Qué diferencia a una WebQuest de otros métodos de aprendizaje?

a) Su enfoque en la búsqueda de soluciones creativas guiadas.

b) Su uso exclusivo para realizar exámenes en línea.

c) Su dependencia de un formato rígido y estructurado.

7.12. ¿Cómo pueden los recursos tecnológicos transformar la enseñanza creativa?

a) Facilitando herramientas interactivas para la creación y colaboración.

b) Reemplazando totalmente el aprendizaje práctico.

c) Limitando la exploración a contenidos predefinidos.

7.13. ¿Qué resultado busca el programa «Aprender a pensar-creatividad»?

a) Estudiantes que puedan resolver problemas desde perspectivas originales.

b) Mantener un enfoque centrado en el aprendizaje memorístico.

c) Reducir las opciones creativas a favor de resultados estándar.

7.14. ¿Qué actividad creativa puede ser útil para estudiantes con altas capacidades?

a) Diseñar proyectos basados en sus intereses personales.

b) Resolver tareas repetitivas sin modificar los resultados.

c) Seguir instrucciones estrictas sin cuestionarlas.

7.15. ¿Qué caracteriza a una WebQuest bien diseñada?

a) Promueve la investigación autónoma y creativa.

b) Limita las tareas a un solo recurso en línea.

c) Exige respuestas predeterminadas en todo momento.

7.16. ¿Cómo se pueden usar recursos tecnológicos para estimular la creatividad?

a) A través de plataformas de aprendizaje visual e interactivo.

b) Evitando su integración en el aula.

c) Recurriendo solo a recursos estáticos.

7.17. ¿Qué estrategia es central en el programa «Aprender a pensar-creatividad»?

a) Desafiar a los estudiantes a proponer soluciones innovadoras.

b) Proporcionarles ejercicios de memorización.

c) Enfocarse únicamente en la resolución de problemas simples.

7.18. ¿Por qué los proyectos son esenciales para estudiantes con talento?

a) Les permiten desarrollar tanto habilidades creativas como analíticas.

b) Les obligan a trabajar dentro de esquemas predefinidos.

c) Evitan que exploren ideas más allá del currículo básico.

7.19. ¿Qué ventaja tiene una WebQuest para los estudiantes?

    a) Los anima a pensar críticamente y colaborar.

    b) Les impone límites estrictos en sus tareas.

    c) Les da respuestas directas sin necesidad de reflexión.

7.20. ¿Qué recurso tecnológico puede ser innovador en proyectos creativos?

    a) Herramientas para simulaciones interactivas.

    b) Documentos estáticos en PDF.

    c) Programas sin opciones personalizables.

8

Instrumentos de conocimiento y diagnóstico de la creatividad

Como es habitual en el ser humano, nos gusta saber, medir, valorar, calificar, evaluar todo aquello que vemos, oímos y hacemos, tanto si somos conscientes de ello, como si no. A fin de cuentas, la evaluación como tal, forma parte de nuestra manera de pensar y entender el mundo.

En este caso, si nos referimos a los instrumentos de conocimiento y diagnóstico de la creatividad, podemos hablar de herramientas diseñadas para evaluar y medir diversos aspectos de la creatividad de manera individual o grupal.

Estos instrumentos pueden ser utilizados en contextos formativos, empresariales, clínicos o de investigación para comprender mejor los niveles de creatividad de las personas implicadas, identificar fortalezas y, también, áreas de mejora, y diseñar así posibles intervenciones, ajustes o reprogramaciones específicas.

8.1. Test de inteligencia creativa, pruebas y cuestionarios de creatividad

Como la creatividad sigue siendo un elemento que actualmente permanece en estudio y análisis, hay que tener en cuenta que ningún instrumento de medición de la creatividad es completamente exhaustivo o definitivo, y todos tienen limitaciones propias.

Además, la evaluación de la creatividad puede ser influenciada por factores culturales, sociales y situacionales, por lo que es importante interpretar los resultados que obtengamos cuando utilicemos alguna de estas herramientas existentes, con precaución y considerando el contexto en el que se aplican estos instrumentos.

Figura 8.1. La creatividad puede encontrarse en cualquier espacio.

Aun así, podemos ver algunos de los tipos más comunes de test de inteligencia creativa existentes:

- **Test de pensamiento divergente:** estos test evalúan la capacidad de generar múltiples respuestas o soluciones a un problema dado. Los ejemplos incluyen el Test de Pensamiento Creativo de Torrance y el Test de Creatividad de Guilford.

- **Cuestionarios de autoevaluación:** estos cuestionarios solicitan a las personas que lo realizan, que evalúen sus propias habilidades y disposiciones creativas en áreas específicas, como originalidad, fluidez, flexibilidad y elaboración.

- **Entrevistas creativas:** las entrevistas estructuradas o semiestructuradas permiten a los evaluadores explorar la forma en que las personas abordan problemas creativos, generan ideas y aplican su creatividad en diferentes contextos.

- **Pruebas de evaluación de proyectos creativos:** estas pruebas se centran en la calidad, originalidad y efectividad de los proyectos creativos específicos desarrollados por personas individuales o grupos en un contexto particular.

- **Cuestionarios de personalidad creativa:** estos cuestionarios evalúan diferentes dimensiones de la personalidad que se cree que están asociadas con la creatividad, como la apertura a la experiencia, la tolerancia al riesgo y la necesidad de logro.

- **Escalas de evaluación de comportamiento creativo:** estas escalas se utilizan para observar y evaluar el comportamiento creativo de las personas individualmente, en situaciones específicas, como en entornos de trabajo o en el aula.

Figura 8.2. Inteligencia creativa.

8.2. Formación de profesores

Ya hemos mencionado en apartados anteriores la importancia que tiene que nosotros como formadores nos impliquemos en el desarrollo de las habilidades creativas de nuestro alumnado. Es absurdo no hacerlo y pretender conseguir resultados relacionados con esta habilidad (o cualquier otra).

¿Qué podemos tener en cuenta desde el punto de vista formativo para nosotros mismos?

Nuestra propia formación relacionada con la creatividad y el pensamiento crítico es esencial para poder crear esas experiencias de aprendizaje dentro del aula, que sirvan de ejemplo enriquecedor y estimulante para nuestros grupos de alumnos.

Dentro de nuestro reciclaje permanente en formación propia, debemos mantenernos actualizados en aspectos como la innovación, el conocimiento y la comprensión de la creatividad en sí misma, conocer estrategias y técnicas que ayuden a fomentar la creatividad en diferentes espacios, temas y edades, y, sobre todo, probarlo con nosotros mismos.

Tenemos que formarnos en desarrollar habilidades para diseñar actividades creativas. Potenciar nuestro propio potencial, por decirlo de alguna forma. Necesitamos saber qué es lo que podemos ofrecer, y en qué forma, a nuestros grupos de alumnos para no caer en la rutina y sorprendernos incluso a nosotros mismos, creando no solo actividades repetidas una y mil veces, sino probando nuevas técnicas y recursos que puedan ser totalmente ajenos a nuestras propias materias.

Una vez más diré que debemos actualizarnos tecnológicamente. Sé que a veces dan ganas de «bajarse» del ritmo y la velocidad a la que avanza esta herramienta que nos rodea por todas partes. Pero tampoco hace falta que estemos a la última de todo lo que hay y habrá. Lo que sí necesitamos es estar al día, conocer las herramientas, darles cabida dentro del aula y sobre todo saber manejarlas lo suficientemente bien tanto para poder hacer un buen uso de ellas, como para poder resolver las dudas que les surjan a nuestros grupos cuando les pidamos que las utilicen.

Simplemente eso. (Tampoco es pedir tanto).

Y al igual que para trabajar cualquier otro aspecto educativo o formativo dentro de un aula, tenemos que ser generadores de un buen ambiente de trabajo dentro del aula. Debemos tener habilidades comunicativas, además, habilidades cognitivas y conocer lo mejor posible nuestros contenidos. Así como habilidades resolutivas para afrontar los imprevistos diarios a los que en muchas ocasiones nos enfrentamos.

Tenemos que desarrollar habilidades docentes que son inherentes a nuestro propio trabajo en función de las personas con las que nos encontremos en el aula. Pero también tenemos que saber manejar las habilidades sociales relacionadas con la interacción social y emocional con nuestro alumnado.

El aula es un espacio de creación cambiante constante. Es un pequeño trozo de tierra donde se van sembrando diferentes elementos. Es un microclima no controlado al cien por cien. Pero es nuestra responsabilidad el tratar de conseguir que sea un microclima lo más positivo, flexible, abierto, tolerante e igualitario posible, para que todas las personas que se encuentren ahí (incluidos nosotros mismos) podamos disfrutar de ese acto de enseñanza-aprendizaje que se reproduce a diario.

Buscar la sorpresa en nuestros grupos ya no pasa porque nos subamos a una mesa a recitar un poema como hemos visto en alguna película. Buscar su sorpresa, participación e implicación pasa porque nosotros como formadores nos formemos una y mil veces para estar a la altura de esas personas que tengamos en frente.

Figura 8.3. Estudiar para encontrar el camino.

8.3. Programas para crear documentos y recursos tecnológicos: el programa CLIC

El programa **CLIC** (Cultura de la Lectura, Investigación y Creatividad) es una iniciativa educativa implementada en algunos países de habla hispana, especialmente en América Latina.

Este programa tiene como objetivo principal fomentar la lectura, la investigación y la creatividad en estudiantes de diferentes niveles educativos, desde la educación básica hasta la educación superior.

Está centrado sobre todo en promover una cultura de la lectura mediante la implementación de actividades y proyectos que involucran a los estudiantes en la exploración de diferentes géneros literarios, la reflexión crítica sobre textos y la expresión creativa a través de la escritura y otros medios.

Además de fomentar la lectura, también busca desarrollar habilidades de investigación en el alumnado, invitándolos a investigar temas de su interés, formular preguntas, buscar información relevante y analizar datos de manera crítica.

Y de igual forma, también promueve la creatividad en el aula, buscando que el alumnado se exprese de manera creativa a través de proyectos artísticos, literarios, multimedia y otros medios.

Esto puede incluir la creación de obras de arte, la escritura de historias originales, la producción de vídeos o la realización de proyectos de investigación creativa.

Dentro del programa CLIC, encontramos también JClic (Java CLIC) que es un *software* educativo de código abierto diseñado para crear y distribuir actividades interactivas y multimedia para el aprendizaje.

Es una herramienta muy utilizada en el ámbito educativo, especialmente en la enseñanza de idiomas, matemáticas y ciencias.

JClic permite a los docentes crear una amplia variedad de actividades educativas, como crucigramas, sopas de letras, ejercicios de asociación, actividades de ordenamiento, rompecabezas y más.

Estas actividades pueden incluir imágenes, sonidos, vídeos y otros elementos multimedia para hacer el aprendizaje más interactivo y atractivo para los estudiantes.

Figura 8.4. Encontrar la herramienta adecuada.

Una de las características destacadas de JClic es su capacidad para adaptarse a diferentes niveles y estilos de aprendizaje, lo que lo hace útil para estudiantes de todas las edades y niveles educativos.

Además, JClic proporciona herramientas para el seguimiento y la evaluación del progreso de los estudiantes, lo que permite a los docentes realizar un seguimiento de su desempeño y ajustar sus estrategias de enseñanza según sea necesario.

JClic es una herramienta gratuita y de código abierto, lo que significa que está disponible para su descarga y uso sin costo alguno, y que su código fuente está disponible para que los usuarios lo modifiquen y lo adapten a sus necesidades específicas. Esto ha contribuido a su popularidad y a su amplia adopción en el ámbito educativo en muchos países.

8.4. Cómo realizar presentaciones en el aula de forma creativa

Hoy en día no podemos pretender realizar presentaciones en el aula que sean totalmente sorprendentes o que impacten de forma brutal en nuestro alumnado.

Básicamente porque las herramientas digitales están al alcance de todo el mundo y, desde el punto de vista audiovisual, todos tenemos ya bastante cubierta la capacidad de sorpresa ante una imagen, un vídeo o una grabación editada.

Por lo tanto, nuestro objetivo al elaborar presentaciones que utilizar en el aula, no debe ser tanto el de generar un impacto audiovisual, sino el de elaborar una herramienta de trabajo que nos sirva en diferentes aspectos para generar el interés de nuestro grupo sobre lo que les estemos explicando en ese momento, y que a nosotros nos sirva de apoyo para el desarrollo de las sesiones formativas.

Algunas sugerencias para elaborar estas herramientas serían las siguientes:

- **Utilizar recursos multimedia variados y actuales:** incorpora elementos multimedia como imágenes, vídeos, animaciones y música para hacer tus presentaciones más dinámicas y atractivas visualmente. (Hay vida más allá de las diapositivas de PowerPoint, es cuestión de buscarla).

- **Cuenta historias más que recitar teorías:** integra narrativas o historias relacionadas con el tema de la presentación para hacerla más interesante y diferente.

- **Fomenta la interactividad:** incluye actividades interactivas como cuestionarios, encuestas en vivo o discusiones grupales para involucrar al alumnado a participar de forma activa.

- **Aplica el pensamiento visual:** emplea técnicas de pensamiento visual, como mapas mentales y conceptuales, diagramas, gráficos y esquemas, para organizar la información de manera clara y facilitar la comprensión de lo que estés explicando.

- **Incorpora el humor:** introduce elementos de humor o anécdotas relacionadas con el tema, para mantener el interés y crear un ambiente más relajado dentro del aula.

- **Fomenta la creatividad:** anima a los estudiantes a crear sus propias presentaciones o proyectos relacionados con el tema, permitiéndoles expresar sus ideas de manera creativa y original.

- **Incorpora las nuevas tecnologías que estén a tu alcance dentro del aula:** haz uso de herramientas tecnológicas como pizarras digitales, aplicaciones interactivas o plataformas de presentación en línea para añadir variedad y dinamismo a tus presentaciones.

- **Varía el formato de las presentaciones:** experimenta con diferentes formatos de presentación, como paneles de discusión, demostraciones en vivo o presentaciones tipo TED, para mantener el interés del grupo y ofrecerles una experiencia de aprendizaje más variada y estimulante.

- **Personaliza el contenido:** adapta el contenido de tus presentaciones según los intereses, necesidades y estilos de aprendizaje de tus grupos, asegurándote de que sea algo que les motive o les interese.

ACTIVIDADES FINALES

8.1. ¿Qué evalúan los test de inteligencia creativa?

a) La capacidad de resolver problemas matemáticos.

b) Habilidades como la fluidez, la flexibilidad y la originalidad.

c) La memorización de conceptos.

8.2. ¿Qué propósito tienen los cuestionarios de creatividad?

a) Determinar el coeficiente intelectual del estudiante.

b) Identificar las características del pensamiento creativo.

c) Medir la habilidad física del alumno.

8.3. ¿Por qué es importante la formación de profesores en creatividad?

a) Para que puedan transmitir ideas originales a los alumnos.

b) Para que dominen únicamente metodologías tradicionales.

c) Para evitar el uso de recursos tecnológicos.

8.4. ¿Qué es el programa CLIC?

a) Un *software* para el diseño de actividades educativas interactivas.

b) Una plataforma para realizar pruebas de memoria.

c) Una herramienta exclusiva para crear exámenes.

8.5. ¿Qué característica tienen los test de creatividad frente a otros métodos de evaluación?

a) Están diseñados para medir la capacidad creativa de manera específica.

b) Se basan únicamente en respuestas de opción múltiple.

c) No requieren participación activa del evaluado.

8.6. ¿Cómo puede un profesor mejorar su habilidad para enseñar creatividad?

a) Participando en talleres y cursos sobre innovación pedagógica.

b) Aplicando únicamente técnicas de enseñanza tradicionales.

c) Evitando actividades prácticas en el aula.

8.7. ¿Cuál es un objetivo clave del programa CLIC?

a) Crear actividades dinámicas y adaptativas para el aula.

b) Realizar únicamente análisis de datos académicos.

c) Simplificar la evaluación de exámenes teóricos.

8.8. ¿Qué ventaja tiene realizar presentaciones creativas en el aula?

a) Motiva el interés y la participación de los alumnos.

b) Reduce el tiempo de preparación de las clases.

c) Elimina la necesidad de recursos visuales.

8.9. ¿Qué habilidad se mide en un test de inteligencia creativa?

a) Originalidad al proponer soluciones.

b) Rapidez en cálculos matemáticos.

c) Habilidad para memorizar textos.

8.10. ¿Por qué es crucial formar a los profesores en creatividad?

a) Para que puedan guiar a los estudiantes en el desarrollo de ideas innovadoras.

b) Para que puedan enseñar de forma estructurada y rígida.

c) Para que eviten el uso de recursos digitales en el aula.

8.11. ¿Qué tipo de recursos se pueden crear con el programa CLIC?

a) Juegos interactivos y actividades didácticas.

b) Documentos exclusivamente textuales.

c) Archivos de evaluación estáticos.

8.12. ¿Qué se busca con las presentaciones creativas en el aula?

a) Estimular el pensamiento crítico y creativo de los estudiantes.

b) Reducir la carga de trabajo del profesor.

c) Mantener la estructura clásica de las exposiciones.

8.13. ¿Cómo ayudan los cuestionarios de creatividad al diagnóstico educativo?

a) Identifican el nivel de innovación y originalidad de los estudiantes.

b) Solo determinan el grado de conocimiento técnico.

c) Evalúan habilidades físicas.

8.14. ¿Qué habilidad promueve la formación creativa de los profesores?

a) Adaptar estrategias para fomentar la creatividad en el aula.

b) Usar exclusivamente recursos ya preparados.

c) Evitar que los alumnos se salgan de la rutina académica.

8.15. ¿Qué hace único al programa CLIC en el ámbito educativo?

a) Su capacidad de crear actividades interactivas y personalizadas.

b) Su exclusividad para exámenes teóricos.

c) Su enfoque únicamente en evaluación sumativa.

8.16. ¿Por qué son efectivas las presentaciones creativas en el aula?

a) Enganchan al estudiante y mejoran la retención del aprendizaje.

b) Simplifican la evaluación del desempeño.

c) Permiten evitar la interacción directa con los alumnos.

8.17. ¿Qué ventaja ofrecen los test de creatividad frente a otros métodos?

a) Permiten identificar aspectos únicos del pensamiento divergente.

b) Se centran en habilidades técnicas únicamente.

c) Evitan que el estudiante salga de su zona de confort.

8.18. ¿Cómo puede el programa CLIC mejorar las dinámicas de clase?

a) Proporcionando herramientas que favorecen la participación activa.

b) Enfocándose únicamente en ejercicios de memoria.

c) Reemplazando por completo la interacción personal.

8.19. **¿Qué se busca al formar a los profesores en creatividad?**

a) Que puedan generar experiencias de aprendizaje significativas e innovadoras.

b) Que utilicen métodos tradicionales sin modificarlos.

c) Que eviten cambios en la planificación académica.

8.20. **¿Qué objetivo tienen las presentaciones creativas en el aula?**

a) Hacer que el aprendizaje sea más atractivo y dinámico.

b) Simplificar la preparación de los contenidos.

c) Mantener el interés exclusivamente en el profesor.

9

Cómo orientar y desarrollar la creatividad en el ámbito familiar

Al igual que en el aula, buscaremos fomentar un ambiente positivo donde poder dejar espacio y tiempo a trabajar la creatividad y el pensamiento crítico en nuestro alumnado, en el ámbito familiar, este factor se puede trabajar y desarrollar incluso desde mucho antes.

Las personas (por lo general) iniciamos nuestra vida social dentro de un ámbito familiar, y es en él donde se dan las primeras veces de casi todas nuestras vivencias en nuestros primeros pasos dentro de este mundo.

Por lo tanto, la aplicación de las recomendaciones que hemos visto anteriormente con respecto a generar esos espacios de investigación, exploración, creación, etc., se pueden propiciar exactamente igual dentro del ámbito familiar.

9.1. Ideas para promover la creatividad en el entorno familiar

Plantearnos el fomentar la creatividad en el entorno familiar, puede ser muy divertido y enriquecedor para todos los miembros que compongan esa familia. En realidad, y basándonos en unas edades tempranas, estaríamos buscando ideas relacionadas con el juego y la expresión artística libre de las personas dentro de un entorno seguro y de confianza donde todas las personas que participan lo hacen con la intención de obtener un beneficio lúdico, social y afectivo. Por lo tanto, puede ser realmente positivo trabajar estos aspectos.

Figura 9.1. Fomentar la creatividad.

Basándonos en el concepto de «juego en familia», podemos encontrar diferentes ideas para promover la creatividad en el entorno familiar. Algunas de estas ideas podrían ser las siguientes:

- **Noches de arte en familia:** designa una noche a la semana como «Noche de arte en familia» donde todos los miembros se reúnan para hacer arte juntos. Pueden experimentar con pinturas, arcilla, *collage* o cualquier otro medio que les interese y les guste. Al final, pueden exhibir sus obras de arte y discutir sobre sus inspiraciones y procesos creativos.

- **Juegos de improvisación:** organiza sesiones de juegos de improvisación donde cada miembro de la familia pueda practicar el pensamiento rápido y la creatividad. Esto puede incluir juegos de palabras, dramatizaciones espontáneas o incluso la creación de historias improvisadas.

- **Desafíos creativos:** propón desafíos creativos semanales o mensuales para toda la familia. Por ejemplo, podrían tener un desafío con bloques de construcción, un concurso de dibujo con un tema específico o un desafío de cocina donde cada miembro de la familia inventa una nueva receta.

- **Juegos de palabras y escritura:** organiza juegos de palabras donde cada persona agrega una parte de una historia o dibuja una parte de un dibujo sin ver lo que los demás han hecho.

- **Exploración de la naturaleza:** realizar salidas conjuntas a explorar la naturaleza y fomentar la creatividad a través de actividades al aire libre como la búsqueda de tesoros, la observación de la vida silvestre, la recolección de materiales naturales para manualidades, o simplemente haciendo dibujos o escribiendo en un diario sobre sus experiencias al aire libre.

Figura 9.2. Juegos en familia.

- **Proyectos de bricolaje en familia:** se puede proponer un proyecto de bricolaje en el que todas las personas puedan trabajar juntas, ya sea construir un mueble, armar un jardín vertical o hacer una piñata para una próxima celebración. Trabajar en equipo promueve la colaboración y la creatividad colectiva.

- **Noche de cine y discusión:** después de ver una película juntos, organizar una discusión en familia sobre la trama, los personajes y las decisiones creativas detrás de la película. Esto puede inspirar conversaciones creativas y estimular la imaginación de todos.

- **Concurso de talentos en familia:** al igual que en los programas de televisión o plataformas, un concurso de talentos en el que cada miembro de la familia pueda mostrar sus habilidades creativas, ya sea cantando, bailando, recitando poesía, tocando un instrumento musical o cualquier otra forma de expresión artística puede ser otra forma de trabajar estas habilidades.

Figura 9.3. Echar a volar nuestra imaginación.

9.2. ¿Cómo aplicar la creatividad ante los problemas de estudio de los hijos?

Los problemas de estudio de nuestros hijos, siempre son un quebradero de cabeza para las personas adultas porque en muchas ocasiones no tenemos claro qué es lo que podemos hacer o por qué los hijos no son capaces de hacer esas tareas si «son muy sencillas», o terminamos pensando que es porque «no estudian lo suficiente«, «no prestan atención», etc.

La cuestión es que no nos paramos a pensar que en estas situaciones también podemos utilizar algo más que la autoridad materna o paterna para imponer un criterio de resolución del problema.

Habría que utilizar diferentes estrategias que incorporasen habilidades distintas, desde la inteligencia emocional, la escucha activa, la capacidad de liderazgo que tendremos como madres o padres y el pensamiento creativo para tratar de dar con la respuesta más apropiada para cada persona.

Además de buscar ayuda profesional fuera de la propia familia, hablando con los docentes de nuestros hijos, para que nos ayuden a decidir la mejor opción para ellos, también podemos poner en marcha algunas estrategias relacionadas con el pensamiento creativo que nos pueden servir en estos casos.

Figura 9.4. Resolver conflictos.

Estrategias útiles para trabajar sobre la creatividad:

- **Personalización del aprendizaje:** identifica los intereses y fortalezas de los hijos y adapta el material de estudio para que sea relevante y atractivo para ellos.

- **Uso de métodos visuales y creativos:** utilizar diagramas, mapas mentales, dibujos y otras herramientas visuales para ayudar a los hijos a comprender conceptos difíciles de manera más clara y memorable. Esto les permite ver la información desde diferentes perspectivas y estimula su creatividad.

- **Juegos y actividades lúdicas:** introduce juegos educativos y actividades lúdicas que fomenten el aprendizaje activo y práctico. Por ejemplo, pueden crear un juego de mesa sobre un tema específico que estén estudiando o hacer experimentos científicos caseros para aprender conceptos científicos.

- **Narración de historias:** utiliza la narración de historias para enseñar conceptos complejos de una manera más accesible y memorable. Crear historias relacionadas con el material de estudio y hacer que ellos participen en la creación de esas historias.

- **Exploración fuera del aula y fuera de casa:** organizar excursiones educativas o salidas al aire libre relacionadas con los temas de estudio que les cuesten más.

- **Incorporación de música y movimiento:** utilizar la música y el movimiento para ayudar a los hijos a recordar información importante. Por ejemplo, pueden crear canciones o bailes sobre conceptos clave que necesiten memorizar.

Figura 9.5. Proporcionar estímulos inspiradores.

9.3. Cooperación familia-colegio en el campo creativo

Ambos elementos, familia y colegio, son complementarios en el desarrollo de la vida de cualquier persona. Por este motivo, se hace necesario que se establezca una buena relación de cooperación entre ambos teniendo siempre en el centro y como objetivo, a los hijos.

Al trabajar juntos en la cooperación familia y colegio en el campo creativo, se puede crear un entorno de apoyo y enriquecimiento que potencie el desarrollo creativo de los niños y fomente su éxito académico y personal.

Se trata de apoyar los proyectos educativos de centro que se propongan desde el colegio y participar activamente en ellos, en la modalidad que sea posible, para poder opinar, aportar y colaborar con las ideas que las propias familias también tengan y sean apropiadas para el desarrollo del alumnado en general.

Básicamente, podemos participar activamente en las actividades que se organicen a través del colegio, tanto en el formato de actividades extraescolares como las que se lleven a cabo en días determinados o fechas relevantes.

También podemos participar activamente en la comunidad de aprendizaje que se desarrolla en todos los colegios y en las que el papel de las familias es fundamental para poder responder a las necesidades reales tanto de cada uno de los niños como del contexto en el que se desarrollan (barrio, ciudad, comunidad).

Figura 9.6. Construir la creatividad.

9.4. Recursos tecnológicos en el ámbito familiar

Tal y como hemos dicho anteriormente, las nuevas tecnologías forman parte de nuestras vidas y de nuestro día a día. El ámbito familiar no es ajeno a ello.

En las casas, disponemos de multitud de recursos tecnológicos que incluso son utilizados de forma individual o conjunta por sus miembros. Pero aquí encontramos algunos puntos de inflexión con respecto a la consideración que se hace de estos recursos por parte de los progenitores, en cuanto a lo buenos o malos que son estos recursos para sus propios hijos.

Al igual que comentábamos con los recursos tecnológicos dentro del aula, deberíamos partir de la misma consideración: los recursos tecnológicos son buenos.

El buen uso, el mal uso o el abuso que se haga de los mismos es el punto de debate en realidad.

No podemos determinar de forma clara y única cuáles son los recursos tecnológicos más apropiados para tener o trabajar dentro del ámbito familiar, puesto que esto es una decisión personal de cada núcleo familiar y, por lo tanto, habrá tantas posibilidades como tipos de familia existan.

Lo que sí podemos argumentar y plantear es el hecho de que las nuevas tecnologías forman parte de nuestra vida ya. Y como tal, el pensamiento ha de ser el de darles el mejor uso posible de cara a que reporten algún tipo de beneficio para todas las personas que integren cada familia.

Y, sobre todo, remarcar el hecho de que las nuevas tecnologías no son el enemigo que hay que combatir. En todo caso, deberíamos reflexionar sobre cómo podemos educar y educarnos en su uso y manejo para sacarles el mayor rendimiento posible. Porque, desgraciadamente, hemos aprendido lo básico en la mayoría de los casos para utilizarlas, pero no tenemos los conocimientos necesarios y las usamos en modo básico sin aprovechar el potencial que nos ofrecen.

Aquí podríamos seguir con la reflexión incorporando las conocidísimas frases de «es que no hay tiempo, no tengo tiempo, no puedo dedicarle tiempo». Pero entonces tendríamos que hacer un capítulo inédito dentro de este contenido y en todo caso… será material para otro manual.

Figura 9.7. Cultivar nuestra creatividad.

A C T I V I D A D E S   F I N A L E S

9.1. ¿Cuál es una forma eficaz de promover la creatividad en el entorno familiar?

a) Estableciendo rutinas rígidas y repetitivas.

b) Fomentando actividades que permitan explorar nuevas ideas.

c) Limitando la exposición a actividades creativas.

9.2. ¿Cómo se puede aplicar la creatividad ante problemas de estudio de los hijos?

a) Proporcionando soluciones innovadoras y adaptadas a sus intereses.

b) Obligándolos a seguir estrictamente métodos tradicionales.

c) Evitando explorar alternativas fuera del currículo.

9.3. ¿Qué es fundamental para fomentar la creatividad en el hogar?

a) Crear un ambiente abierto al diálogo y la experimentación.

b) Establecer reglas estrictas sin margen para el error.

c) Eliminar actividades lúdicas del día a día.

9.4. ¿Cómo puede la familia colaborar con el colegio en el campo creativo?

a) Participando en proyectos conjuntos que promuevan la innovación.

b) Manteniendo una actitud pasiva frente a las propuestas escolares.

c) Desalentando cualquier actividad no académica.

9.5. ¿Qué recurso tecnológico puede ser útil para desarrollar la creatividad en casa?

a) Plataformas de diseño y creación digital.

b) Programas que solo permitan tareas repetitivas.

c) Herramientas centradas exclusivamente en exámenes.

9.6. ¿Por qué es importante fomentar actividades creativas en familia?

a) Ayudan a desarrollar habilidades de resolución de problemas.

b) Limitan el tiempo de ocio y juegos.

c) Reducen el número de actividades exploratorias.

9.7. ¿Cómo se puede integrar la creatividad en la resolución de conflictos familiares?

a) Diseñando soluciones colaborativas y originales.

b) Ignorando las ideas de los involucrados.

c) Aplicando siempre la misma solución sin variaciones.

9.8. ¿Qué estrategia es útil para involucrar a la familia en proyectos creativos escolares?

a) Organizar actividades donde la participación familiar sea clave.

b) Excluir a los padres del proceso creativo.

c) Reducir las oportunidades de interacción entre padres y escuela.

9.9. ¿Cómo pueden los recursos tecnológicos apoyar la creatividad en el hogar?

a) Ofreciendo herramientas para crear y explorar de forma interactiva.

b) Limitando el acceso a actividades visuales.

c) Proporcionando únicamente textos y documentos.

9.10. ¿Qué papel tiene la creatividad en el aprendizaje de los hijos?

a) Permite encontrar formas más efectivas de abordar sus dificultades.

b) Impone un enfoque único y rígido en la enseñanza.

c) Reduce las posibilidades de explorar nuevas ideas.

9.11. ¿Qué tipo de actividades pueden promover la creatividad familiar?

a) Juegos que estimulen la imaginación y la colaboración.

b) Tareas repetitivas y sin propósito claro.

c) Actividades que excluyan la participación de los padres.

9.12. ¿Qué es esencial para aplicar la creatividad ante problemas de estudio?

a) Adaptarse a las necesidades individuales del niño.

b) Seguir métodos estandarizados sin desviaciones.

c) Evitar soluciones personalizadas.

9.13. ¿Cómo puede un recurso tecnológico beneficiar la creatividad familiar?

    a) Brindando opciones para la creación conjunta de proyectos.

    b) Centrándose exclusivamente en contenido estático.

    c) Evitando herramientas interactivas.

9.14. ¿Qué característica debe tener un entorno familiar creativo?

    a) Flexibilidad para experimentar y aprender de los errores.

    b) Rigidez en las actividades cotidianas.

    c) Foco en actividades exclusivamente académicas.

9.15. ¿Cómo pueden las familias reforzar el trabajo creativo de los colegios?

    a) Participando activamente en actividades conjuntas.

    b) Evitando cualquier relación con los proyectos escolares.

    c) Limitando las oportunidades de colaboración.

9.16. ¿Qué es una ventaja de integrar la tecnología en el desarrollo creativo?

    a) Amplía las posibilidades para la expresión y el diseño.

    b) Reduce la interacción directa entre miembros de la familia.

    c) Enfoca el aprendizaje exclusivamente en textos.

9.17. ¿Qué actitud favorece la creatividad en casa?

    a) Promover la exploración de ideas diversas y originales.

    b) Mantener un enfoque estrictamente disciplinario.

    c) Desalentar el uso de recursos innovadores.

9.18. ¿Cómo pueden los padres resolver creativamente problemas de sus hijos?

    a) Diseñando soluciones adaptadas y colaborativas.

    b) Obligándolos a resolver problemas por su cuenta.

    c) Ignorando la necesidad de cambios en los métodos.

9.19. ¿Qué rol desempeñan las herramientas tecnológicas en el ámbito familiar?

a) Fomentan actividades creativas y colaborativas.

b) Reducen las oportunidades de interacción lúdica.

c) Sustituyen completamente las actividades presenciales.

9.20. ¿Qué es clave para desarrollar la creatividad en los hijos?

a) Proporcionarles un ambiente estimulante y variado.

b) Limitar sus opciones de aprendizaje a contenidos estructurados.

c) Eliminar las actividades relacionadas con el juego.

GLOSARIO

A

ABP (Aprendizaje Basado en Proyectos): metodología educativa que fomenta el aprendizaje activo mediante la creación de proyectos en los que los estudiantes son protagonistas de su proceso de aprendizaje.

Antecedentes del estudio de la creatividad: evolución histórica de las teorías y modelos relacionados con la creatividad, que han contribuido al entendimiento de su desarrollo y aplicación en distintos ámbitos, incluyendo la educación.

Aplicación de la creatividad: uso de técnicas, enfoques y métodos creativos en la resolución de problemas o en la enseñanza, con el objetivo de fomentar la innovación y la capacidad de pensamiento original.

Área de lengua y literatura: disciplina del currículo escolar que incluye actividades creativas para desarrollar habilidades lingüísticas y literarias, estimulando la expresión escrita y oral.

Área del conocimiento del medio: asignatura que se centra en el estudio del entorno físico y social, que también puede incorporar elementos creativos para explorar conceptos de manera más dinámica.

B

Bases neuropsicológicas de la creatividad: conjunto de procesos cerebrales y psicológicos que subyacen a la capacidad de generar ideas originales, incluyendo la interacción entre diferentes áreas del cerebro que permiten la flexibilidad cognitiva.

***Blended learning* (aprendizaje combinado):** enfoque educativo que combina la enseñanza presencial con el aprendizaje en línea, permitiendo la integración de tecnología en el proceso creativo.

C

Característica del pensamiento creativo: propiedad del pensamiento que involucra la flexibilidad cognitiva, la originalidad y la capacidad de generar soluciones novedosas a problemas complejos.

Cooperación familia-colegio en el campo creativo: colaboración entre los docentes y las familias para apoyar el desarrollo de habilidades creativas en los estudiantes mediante actividades conjuntas.

Creatividad: capacidad de generar ideas, soluciones o productos originales, útiles y de valor en diferentes contextos, especialmente en la educación.

Creatividad en el aula: aplicación de métodos y actividades que estimulan la capacidad creativa de los estudiantes, ayudándolos a desarrollar su pensamiento crítico y la resolución innovadora de problemas.

Creatividad y tipos de pensamiento: relación entre diferentes formas de pensamiento, como el pensamiento convergente (búsqueda de respuestas correctas) y el divergente (generación de múltiples soluciones).

D

Desarrollo de proyectos creativos: proceso de creación y ejecución de proyectos en los que los estudiantes aplican su creatividad para generar resultados originales, integrando diversas disciplinas y herramientas, incluidas las TIC.

Diagnóstico de la creatividad: evaluación del nivel de creatividad de una persona mediante pruebas, cuestionarios u observaciones, con el fin de identificar sus fortalezas y áreas de mejora.

E

Entradas aleatorias (*Random Input*): técnica creativa en la que se introduce información o estímulos aleatorios para promover nuevas ideas o enfoques en un proceso creativo.

Etapas del proceso creativo: fases que componen el proceso de creación, desde la preparación inicial hasta la ejecución del producto final. Las etapas comunes incluyen la preparación, la incubación, la iluminación y la verificación.

F

Fomentar la creatividad: acción de promover actividades y métodos que estimulan el pensamiento creativo en los estudiantes, proporcionando oportunidades para la exploración y la experimentación.

Formación de profesores: proceso de capacitación y actualización de los docentes en diversas metodologías, incluidas aquellas que fomentan la creatividad en el aula.

G

Generación de ideas: parte fundamental del proceso creativo que involucra la producción de posibles soluciones, conceptos o enfoques originales.

H

Habilidades creativas: capacidades cognitivas y conductuales que permiten a los individuos generar ideas originales, resolver problemas de manera innovadora y adaptarse a nuevos desafíos.

I

Imitación: técnica que consiste en reproducir una idea o acción como base para crear algo nuevo, utilizada como un paso inicial en la creatividad antes de introducir modificaciones y mejoras.

Instrumentos de diagnóstico de la creatividad: herramientas utilizadas para medir el nivel de creatividad de los estudiantes, como test de inteligencia creativa o cuestionarios específicos.

J

Juegos creativos: actividades lúdicas diseñadas para estimular la creatividad, que suelen involucrar la resolución de problemas, la improvisación o la generación de ideas de manera divertida.

L

Lengua y literatura: área del currículo que fomenta la creatividad a través del lenguaje, el análisis literario y la producción de textos orales y escritos.

Listas de chequeo: herramientas que permiten evaluar aspectos específicos de un proceso creativo o de un proyecto, garantizando que se han considerado todos los elementos relevantes.

M

Metodología del ABP (Aprendizaje Basado en Proyectos): enfoque pedagógico que promueve el aprendizaje a través de la participación activa de los estudiantes en proyectos prácticos que resuelvan problemas reales.

Modelos del proceso creativo: teorías y enfoques que describen cómo se desarrolla la creatividad en las personas, explicando las fases o pasos que componen este proceso.

Modificación del contexto educativo de enseñanza: ajustes en el entorno de aprendizaje, tanto físicos como psicológicos, para hacer más propicio el desarrollo de la creatividad en los estudiantes.

P

Producto creativo: resultado final de un proceso creativo, que puede ser una idea, solución o artefacto original generado a partir del pensamiento creativo.

Programas de orientación y desarrollo de la creatividad: iniciativas o currículos diseñados para ayudar a los estudiantes a desarrollar habilidades creativas, incluidas actividades formativas, programas extracurriculares y recursos de apoyo.

Proyectos creativos en alumnos con talento: iniciativas que buscan identificar y potenciar las habilidades creativas de los estudiantes dotados o con altas capacidades.

R

Recursos tecnológicos: herramientas digitales y tecnológicas que pueden facilitar el desarrollo de proyectos creativos, como *software*, aplicaciones y plataformas en línea.

Relación pensamiento creativo-pensamiento crítico: la interacción entre la creatividad, que permite generar ideas innovadoras, y el pensamiento crítico, que evalúa esas ideas de manera analítica y lógica.

S

Sternberg, **propuesta de creatividad:** teoría desarrollada por Robert Sternberg que propone un enfoque triárquico de la inteligencia creativa, donde se considera la creatividad como la capacidad de aplicar habilidades analíticas, sintéticas y prácticas.

T

Test de inteligencia creativa: pruebas diseñadas para medir la capacidad creativa de una persona, evaluando su habilidad para pensar de manera original y resolver problemas de forma innovadora.

U

Utilización de la información de forma creativa y crítica: proceso que implica usar información de manera original para generar nuevas ideas, combinada con un enfoque crítico para evaluar su validez y aplicación.

W

WebQuest: herramienta de aprendizaje en línea que permite a los estudiantes explorar temas relacionados con la creatividad a través de tareas investigativas estructuradas en internet.

Bibliografía

- De Bono E. *El pensamiento lateral: manual de creatividad*, Ediciones Paidós, 2018.

- De Sánchez, M. *Desarrollo de habilidades del pensamiento. Procesos básicos del pensamiento*, Editorial Trillas, 2010.

- Euroinnova Bussines School e I Editorial, *Aplicación de las herramientas digitales en la innovación educativa,* I Editorial, 2020.

- Gardner, H. *Inteligencias múltiples: la teoría en la práctica*, Ediciones Paidós, 2011.

- O´Connor J., y McDermott I. *Los principios de la PNL*, Editorial Amat, 2013.

- Robinson, K. *Escuelas creativas: La revolución que está transformando la educación*, Editorial Debolsillo, 2016.

- Wagensberg, J. *Teoría de la creatividad: Eclosión, gloria y miseria de las ideas*, Tusquets Editores, S.A., 2017.